Los no lugares

Marc Augé

Los no lugares

Una antropología de
la sobremodernidad

Traducción de
Margarita Mizraji

Herder

Título original: Non-lieux. Introduction à une anthropologie de la surmodernité
Traducción: Margarita Mizraji
Diseño de la cubierta: Claudio Bado

© *1992, Éditions du Seuil, París*
© *2025, Herder Editorial, S.L., Barcelona*

ISBN: 978-84-254-5324-3

Imprenta: Sagràfic
Depósito legal: B-11 358-2025

Impreso en España – Printed in Spain

Herder
www.herdereditorial.com

Índice

Prólogo

Antes de buscar su coche, Juan Pérez decidió retirar un poco de dinero del cajero automático. El aparato aceptó su tarjeta y lo autorizó a retirar 1 800 francos. Juan Pérez apretó el botón «1 800». El aparato le pidió un minuto de paciencia, luego le entregó la suma convenida y le recordó no olvidarse la tarjeta. «Gracias por su visita», concluyó, mientras Juan Pérez ordenaba los billetes en su cartera.

El trayecto fue fácil: el viaje a París por la autopista A-11 no presenta problemas un domingo por la mañana. No tuvo que esperar en la entrada, pagó con su tarjeta de crédito el peaje de Dourdan, rodeó París por el Periférico y llegó al aeropuerto de Roissy por la A-1.

Aparcó en el segundo subsuelo (sección J), deslizó su tarjeta de estacionamiento en la cartera, luego se apresuró para ir a registrarse a las ventanillas de Air France. Con alivio, se sacó de encima la maleta (veinte kilos exactos) y entregó su billete a la azafata al tiempo que le pidió un asiento para fumadores del lado del pasillo. Sonriente y silenciosa, ella asintió con la cabeza, después de haber verificado en el ordenador, le devolvió el billete y la tarjeta de embarque. «Embarque por la puerta B a las 18 horas», precisó.

El hombre se presentó con anticipación al control policial para hacer algunas compras en el *dutyfree*. Compró una botella de cognac (un recuerdo de Francia para sus clientes asiáticos) y una caja de cigarros (para consumo personal). Guardó con cuidado la factura junto con la tarjeta de crédito.

Durante un momento recorrió con la mirada los escaparates lujosos —joyas, ropas, perfumes—, se detuvo en la librería, hojeó revistas antes de elegir un libro fácil —viajes, aventuras, espionaje— y luego continuó su paseo sin ninguna impaciencia.

Saboreaba la impresión de libertad que le daban a la vez el hecho de haberse liberado del equipaje y, más íntimamente, la certeza de que solo había que esperar el desarrollo de los acontecimientos ahora que se había puesto «en regla», que ya había guardado la tarjeta de embarque y había declarado su identidad. «¡Es nuestro, Roissy!». ¿Acaso hoy en los lugares superpoblados no era donde se cruzaban, ignorándose, miles de itinerarios individuales en los que subsistía algo del incierto encanto de los solares, de los terrenos baldíos y de las obras en construcción, de los andenes y de las salas de espera en donde los pasos se pierden, el encanto de todos los lugares de la casualidad y del encuentro en donde se puede experimentar furtivamente la posibilidad sostenida de la aventura, el sentimiento de que no queda más que «ver venir»?

El embarque se realizó sin inconvenientes. Los pasajeros cuyas tarjetas de embarque llevaban la letra z fueron invitados a presentarse en último término, y Juan asistió bastante divertido al ligero e inútil amontonamiento de los x y los y a la salida de la sala.

Mientras esperaba el despegue y la distribución de los diarios, hojeó la revista de la compañía e imaginó, siguiéndolo con el dedo, el itinerario posible del viaje: Heraclión, Lárnaca, Beirut, Dharan, Dubai, Bombay, Bangkok, más de nueve mil kilómetros en un abrir y cerrar de ojos y algunos nombres que daban que hablar cada tanto en la actualidad periodística. Echó un vistazo a la tarifa de a bordo sin impuestos *(duty-free price list)*, verificó que se aceptaba tarjeta de crédito en los vuelos transcontinentales, leyó con satisfacción las ventajas que presentaba la clase *business,* de la que podía gozar gracias a la inteligencia y generosidad de la firma para la que trabajaba («En Charles de Gaulle 2 y en Nueva York, los salones *Le Club* le permiten distenderse, telefonear, enviar faxes o utilizar un Minitel… Además de una recepción personalizada y una atención constante, el nuevo asiento Espace 2000 con el que están equipados los vuelos transcontinentales tiene un diseño más amplio, con un respaldo y un apoyacabezas regulables separadamente…»). Prestó alguna atención a los comandos con sistema digital de su asiento Espace 2000, luego volvió a sumergirse en los anuncios de la revista y admiró el perfil aerodinámico de unas camionetas nuevas, algunas fotos de grandes hoteles de una cadena internacional, un poco pomposamente presentados como «los lugares de la civilización» (La Mamounia de Marrakech, «que fue un palacio antes de ser un *palace hotel*», el Métropole de Bruselas, «donde siguen muy vivos los esplendores del siglo XIX»). Luego dio con la publicidad de un coche que tenía el mismo nombre de su asiento: Renault Espace: «Un día, la necesidad de espacio se hace sentir... Nos asalta de repente. Después, ya no nos abandona. El irresistible deseo de tener un espacio propio. Un espacio móvil que nos lleve lejos. Nada faltaría; todo estaría a mano...». En una palabra, como en el avión. «El espacio ya está en usted... Nunca se ha estado tan bien sobre la Tierra como en el Espacio», concluía graciosamente el anuncio publicitario.

Ya despegaban. Hojeó más rápidamente el resto, deteniéndose unos segundos en un artículo sobre «el hipopótamo, señor del río», que comenzaba con una evocación de África, «cuna de las leyendas» y «continente de la magia y de los sortilegios», y echó un vistazo a una crónica sobre Bolonia («En cualquier parte se puede estar enamorado, pero en Bolonia uno se enamora de la ciudad»). Un anuncio publicitario en inglés de una *videomovie* japonesa retuvo un instante su atención *(Vivid colors, vibrant sound and non-stop action. Make them yours forever)* por el brillo de los colores. Un estribillo de Trenet le acudía a menudo a la mente desde que, a media tarde, lo había oído por la radio en la autopista, y se dijo que la alusión a la «foto, vieja foto de mi juventud» no tendría, dentro de poco, sentido alguno para las generaciones futuras. Los colores del presente para siempre: la cámara congelador. Un anuncio publicitario de la tarjeta Visa terminó de tranquilizarlo («Aceptada en Dubai y en cualquier lugar adonde viaje. Viaje confiado con su tarjeta Visa»).

Miró distraído algunos comentarios de libros y se detuvo un momento, por interés profesional, en el que reseñaba una obra titulada *Euromarketing:* «La homogeneización de las necesidades y de los comportamientos de consumo forma parte de las fuertes tendencias que caracterizan el nuevo ambiente internacional de la empresa… A partir del examen de la incidencia del fenómeno de globalización en la empresa europea, sobre la validez y el contenido de un *euromarketing* y sobre las evoluciones posibles del *marketing* internacional, se debaten una gran cantidad de problemas». Para terminar, el comentario mencionaba «las condiciones propicias para el desarrollo de un *mix* lo más estandarizado posible» y «la arquitectura de una comunicación europea».

Un poco soñoliento, Juan Pérez dejó la revista. La inscripción *Fasten seat belt* se había apagado. Se ajustó los auriculares, sintonizó el canal 5 y se dejó invadir por el adagio del *Concierto n.º 1 en do mayor* de Joseph Haydn. Durante algunas horas (el tiempo necesario para sobrevolar el Mediterráneo, el mar de Arabia y el golfo de Bengala), estaría por fin solo.

Lo cercano y el afuera

Se habla cada vez más de la antropología de lo cercano. Un coloquio que tuvo lugar en 1987 en el museo de Artes y Tradiciones populares («Antropología social y etnología de Francia»), y cuyas actas fueron publicadas en 1989 con el título *L'autre et le semblable,* señalaba una convergencia de los intereses de los etnólogos del aquí y del afuera. El coloquio y la obra se sitúan explícitamente en la serie de reflexiones que comenzaron en el coloquio de Toulouse en 1982 («Nuevas vías en etnología de Francia») y en algunos libros o números especiales de revistas.

Sin embargo, no es evidente que, como ocurre a menudo, la comprobación de nuevos intereses, de nuevos campos de investigación y de convergencias inéditas no se base, por una parte, en ciertos malentendidos, o no los suscite. Algunas observaciones previas a la reflexión sobre la antropología de lo cercano pueden resultar útiles para la claridad del debate.

La antropología siempre ha sido una antropología del aquí y el ahora. El etnólogo en ejercicio es aquel que se encuentra en alguna parte (su aquí del momento) y que describe lo que observa o lo que oye en ese mismo momento. Siempre podremos interrogarnos más tarde acerca de la calidad de su observación y acerca de las intenciones, los prejuicios o los otros factores que condicionan la producción de su texto: queda el hecho de que toda etnología supone un testigo directo de una actualidad presente. El antropólogo teórico que recurre a otros testimonios y a otros ámbitos diferentes del suyo tiene acceso a testimonios de etnólogos, no a fuentes indirectas que él se esforzaría por interpretar. Hasta el *arm chair anthropologist* que somos todos por momentos se distingue del historiador que analiza un documento. Los hechos que buscamos en los *files* de Murdock han sido bien o mal observados, pero lo han sido, y en función de ítems (reglas de alianza, de filiación, de herencia) que son también los de la antropología de «segundo grado». Todo lo que aleja de la observación directa del campo aleja también de la antropología, y los historiadores que tienen intereses antropológicos no por eso hacen antropología. La expresión «antropología histórica» es cuanto menos ambigua. «Historia antropológica» parece más adecuada. Un ejemplo simétrico e inverso podría encontrarse en el uso obligado que los antropólogos, los africanistas, por ejemplo, hacen de la historia, en particular del modo en que ha quedado establecida por la tradición oral. Todo el mundo conoce la fórmula de Hampaté Ba según la cual, en África, un viejo que muere es «una biblioteca que se quema»; pero el informante, viejo o no, es alguien con quien se discute, que habla de lo que sabe o lo que piensa del pasado más que del pasado mismo. No es un contemporáneo del acontecimiento que refiere, pero el etnólogo es contemporáneo de la enunciación y del enunciador. Las palabras del informante valen tanto para el presente como para el pasado. El antropólogo que tiene y que debe tener intereses históricos no es, sin embargo, *stricto sensu,* un historiador. Esta observación solo apunta a precisar los procedimientos y los objetos: es evidente que los trabajos de historiadores como Ginzburg, Le Goff o Leroy-Ladurie son de máximo interés para los antropólogos, pero son trabajos de historiadores: corresponden al pasado y se consideran estudios de documentos.

Esto en cuanto al «ahora». Vayamos entonces al «aquí». Por cierto que el aquí europeo, occidental, adquiere todo su sentido con respecto a un afuera lejano, antes «colonial», hoy «subdesarrollado», que han privilegiado las antropologías británica y francesa. Pero la oposición del aquí y del afuera (una manera de gran reparto Europa *vs.* resto del mundo que recuerda los partidos de fútbol organizados por Inglaterra en la época en que tenía un gran fútbol: Inglaterra *vs.* resto del mundo) no puede servir como punto de partida para la oposición de las dos antropologías más que presuponiendo lo que está precisamente en cuestión: que se trata de dos antropologías distintas.

La afirmación según la cual los etnólogos tienden a replegarse sobre Europa por el cierre de los territorios lejanos es cuestionable. En primer lugar, existen posibilidades reales de trabajo en África, en América, en Asia... En segundo lugar, las razones que llevan a trabajar sobre Europa en antropología son razones positivas. En ningún caso se trata de una antropología por carencia. Y precisamente el examen de estas razones positivas puede conducirnos a poner en duda la oposición Europa/afuera que subyace en algunas de las definiciones más modernistas de la etnología europeísta.

Detrás de la cuestión de la etnología de lo cercano se perfila, en efecto, una doble pregunta. La primera consiste en saber si, en su estado actual, la etnología de Europa puede pretender el mismo grado de refinamiento, de complejidad, de conceptualización que la etnología de las sociedades lejanas. La respuesta a esta pregunta es generalmente afirmativa, al menos de parte de los etnólogos europeístas y en una perspectiva de futuro. De este modo, Martine Segalen puede estar orgullosa, en la compilación que citamos antes, de que dos etnólogos del parentesco que han trabajado acerca de una misma región europea puedan desde ahora discutir entre ellos «como los especialistas de tal etnia africana»; y Anthony P. Cohen puede sostener legítimamente que los trabajos sobre el parentesco llevados a cabo por Robin Fox en la isla de Tory y por Marilyn Strathern en Elmdon ponen de manifiesto, por una parte, el papel central que desempeña el parentesco en «nuestras» sociedades y las estrategias que permite poner en práctica, y por otra, la pluralidad de culturas que coexisten en un país como la actual Gran Bretaña.

Debemos admitir que, así planteada, la pregunta es desconcertante: se trataría, en definitiva, de interrogarse ya sea acerca de un insuficiente poder de simbolización de las sociedades europeas, ya sea acerca de una insuficiente aptitud de los etnólogos europeístas para analizarlo.

La segunda pregunta tiene un alcance por completo diferente: los hechos, las instituciones, los modos de reunión (de trabajo, de ocio, de residencia), los modos de circulación específicos del mundo contemporáneo, ¿pueden ser juzgados desde un punto de vista antropológico? En primer lugar, esta pregunta no se plantea, ni mucho menos, únicamente a propósito de Europa. Cualquiera que conozca un poco de África, por ejemplo, sabe bien que todo enfoque antropológico global debe tomar en cuenta una cantidad de elementos en interacción, suscitados por la actualidad inmediata, aun cuando no se los pueda dividir en «tradicionales» y «modernos». Pero también se sabe que todas las formas institucionales por las que se debe pasar hoy para comprender la vida social (el trabajo asalariado, la empresa, el deporte-espectáculo, los medios masivos de comunicación) desempeñan en todos los continentes un papel cada día más importante. En segundo lugar, esta pregunta desplaza completamente a la primera: no es Europa lo que está en cuestión sino la contemporaneidad en tanto tal, bajo los aspectos más agresivos o más molestos de la actualidad más actual.

Es, por lo tanto, esencial no confundir la cuestión del método con la del objeto. Se ha dicho a menudo (el mismo Lévi-Strauss en varias oportunidades) que el mundo moderno se presta a la observación etnológica, con la sola condición de poder aislar en él unidades de observación que nuestros métodos de investigación sean capaces de manejar. Y conocemos la importancia atribuida por Gérard Althabe (que probablemente no sabía en su época que abría un camino de reflexión para nuestros políticos) a los huecos de escalera, a la vida de la escalera, en los conglomerados urbanos de Saint-Denis, en la periferia de Nantes.

El hecho de que la investigación etnológica tenga sus limitaciones, que son también sus ventajas, y que el etnólogo necesite circunscribir aproximativamente los límites de un grupo que él va a conocer y que lo reconocerá, es una evidencia que no escapa a quienes hayan hecho trabajo de campo. Una evidencia que tiene, sin embargo, muchos aspectos. El aspecto del método, la necesidad de un contacto efectivo con los interlocutores son una cosa. La representatividad del grupo elegido es otra: se trata en efecto de saber lo que nos dicen aquellos a quienes hablamos y vemos acerca de aquellos a quienes no hablamos ni vemos. La actividad del etnólogo de campo es desde el comienzo una actividad de agrimensor social, de manipulador de escalas, de comparador de poca monta: fabrica un universo significante explorando, si es necesario por medio de rápidas investigaciones, universos intermediarios, o consultando, como historiador, los documentos utilizables. Intenta saber, por sí mismo y por los demás, de quién puede pretender hablar cuando habla de aquellos a quienes ha hablado. Nada permite afirmar que este problema de objeto empírico real, de representatividad, se plantee de modo diferente en un gran reino africano o en una empresa de los alrededores parisinos.

Aquí pueden hacerse dos observaciones. La primera se refiere a la historia; la segunda, a la antropología. Ambas se refieren a la preocupación del etnólogo por situar el objeto empírico de su investigación, por evaluar su representatividad cualitativa, pues aquí no se trata, para hablar con propiedad, de seleccionar muestras estadísticamente representativas sino de establecer si lo que vale para un linaje vale también para otro, si lo que vale para un poblado, vale para otros…: los problemas de definición de conceptos como los de «tribu» o «etnia» se sitúan en esta perspectiva. La preocupación de los etnólogos los acerca y los diferencia al mismo tiempo de los historiadores de la microhistoria. Digamos más bien —para respetar la anterioridad de los primeros— que los historiadores de la microhistoria se enfrentan a una preocupación de etnólogos en tanto deben preguntarse ellos también acerca de la representatividad de los casos que analizan —la vida de un molinero del Frioul en el siglo xv, por ejemplo— pero, para garantizar esta representatividad, se ven obligados a recurrir a los conceptos de «huellas», de «indicios» o de excepcionalidad ejemplar, mientras que el etnólogo de campo, si trabaja a conciencia, tiene siempre la posibilidad de ir a ver un poco más lejos si aquello que ha creído poder observar al comienzo sigue siendo válido. Es la ventaja de trabajar sobre el presente... Modesta compensación de la ventaja esencial que tienen los historiadores: ellos saben cómo sigue.

La segunda observación se refiere al objeto de la antropología, pero esta vez a su objeto intelectual o, si se prefiere, a la capacidad de generalización del etnólogo. Es evidente que hay un trecho importante entre la observación minuciosa de tal o cual poblado o el relevamiento de una cierta cantidad de mitos en una población determinada y la elaboración de la teoría de las «estructuras elementales del parentesco» o las «mitológicas». El estructuralismo no es lo único que está en cuestión aquí. Todos los grandes procedimientos antropológicos han tendido mínimamente a elaborar un cierto número de hipótesis generales que podían, por cierto, encontrar su inspiración inicial en la exploración de un caso singular pero que se remiten a la elaboración de configuraciones problemáticas que exceden ampliamente ese único caso: teorías de la brujería, de la alianza matrimonial, del poder o de las relaciones de producción.

Sin juzgar aquí la validez de estos esfuerzos de generalización, tomaremos como pretexto su existencia como parte constitutiva de la bibliografía etnológica para hacer notar que el argumento de peso, cuando se lo menciona a propósito de las sociedades no exóticas, se refiere solamente a un aspecto concreto de la investigación, el método, entonces, y no el objeto: ni el objeto empírico, ni *a fortiori* el objeto intelectual, teórico, que supone no solo la generalización sino también la comparación.

La cuestión del método no debería confundirse con la del objeto, pues el objeto de la antropología nunca ha sido la descripción exhaustiva, por ejemplo, del barrio de una ciudad o de un pueblo. Cuando se han hecho monografías de este tipo, se presentaban como una contribución a un inventario todavía incompleto y esbozaban, la mayoría de las veces, al menos en el plano empírico y apoyándose en encuestas, generalizaciones sobre el conjunto de un grupo étnico. La pregunta que se plantea en primer lugar, a propósito de la contemporaneidad cercana, no consiste en saber si y cómo se puede hacer una investigación en un área metropolitana, una empresa o un club de vacaciones (bien o mal se podrá hacer) sino en saber si hay aspectos de la vida social contemporánea que puedan depender hoy de una investigación antropológica, de la misma manera que las cuestiones del parentesco, la alianza, el don, el intercambio, etc., se impusieron en primer término a la atención (como objetos empíricos) y luego a la reflexión (como objetos intelectuales) de los antropólogos del afuera. Conviene mencionar, a propósito de esto, respecto de las preocupaciones (por cierto, legítimas) de método, aquello que llamaremos lo «previo del objeto».

Este previo del objeto puede suscitar dudas en cuanto a la legitimidad de la antropología de la contemporaneidad cercana. Louis Dumont, en su prefacio a la reedición de *La Tarasque,* hacía notar, en un pasaje que Martine Segalen cita en su introducción a *L'autre et le semblable,* que el «deslizamiento de los centros de interés» y el cambio de las «problemáticas» (lo que se llamará aquí los cambios de objetos empíricos e intelectuales) impiden a nuestras disciplinas ser simplemente acumulativas «y pueden llegar hasta a minar su continuidad». Como ejemplo de cambio de centros de interés, menciona más particularmente, por oposición al estudio de la tradición popular, la «comprensión a la vez más amplia y más diferenciada de la vida social en Francia, que no separa en absoluto lo no moderno de lo moderno, por ejemplo el artesanado de la industria».

No estoy seguro de que la continuidad de una disciplina se mida por la de sus objetos. Tal afirmación sería ciertamente dudosa aplicada a las ciencias de la vida, que no estoy seguro de que sean acumulativas del modo en el que sugiere la frase de Dumont: cada vez que acaba una investigación aparecen como resultado nuevos objetos de estudio. Y esa afirmación me parece tanto más discutible respecto de las ciencias de la vida social porque, cuando cambian los modos de reagrupación y de jerarquización, se afecta la vida social y se ofrecen así al investigador nuevos objetos, que tienen en común con los que descubre el investigador en ciencias de la vida el hecho de no suprimir aquellos sobre los que se trabajaba inicialmente, sino complicarlos. Sin embargo, la inquietud de Louis Dumont resuena en aquellos mismos que se consagran a la antropología del aquí y del ahora. Gérard Althabe, Jacques Cheyronnaud y Béatrix Le Wita lo expresan en *L'autre et le semblable,* y hacen notar humorísticamente que los bretones «están mucho más preocupados por sus préstamos en el Crédit Agricole que por sus genealogías…». Pero, detrás de esta formulación, todavía se perfila la cuestión del objeto: nada dice que la antropología deba acordar a la genealogía de los bretones más importancia que ellos mismos (aun si, tratándose de bretones, se pueda dudar de que las descuiden totalmente). Si la antropología de la contemporaneidad cercana debiera efectuarse exclusivamente según las categorías ya enumeradas, si no debieran construirse en ella nuevos objetos, el hecho de abordar nuevos terrenos empíricos respondería más a una curiosidad que a una necesidad.

Estas cuestiones previas requieren una definición positiva de lo que es la investigación antropológica, que se tratará de establecer aquí a partir de dos comprobaciones.

La primera se refiere a la investigación antropológica, que trata hoy la cuestión del otro. No es un tema con el cual se encuentre por casualidad: es su único objeto intelectual, a partir del cual le resulta posible definir diferentes campos de investigación. Trata del presente, lo que basta para distinguirla de la historia. Y lo trata simultáneamente en varios sentidos, lo que la distingue de las otras ciencias sociales.

Trata de todos los otros: el otro exótico que se define con respecto a un «nosotros» que se supone idéntico (franceses, europeos, occidentales); el otro de los otros, el otro étnico o cultural, que se define con respecto a un conjunto de otros que se suponen idénticos, un «ellos» generalmente resumido por un nombre de etnia; el otro social: el otro interno con referencia al cual se instituye un sistema de diferencias que comienza por la división de los sexos pero que define también, en términos familiares, políticos, económicos, los lugares respectivos de los unos y los otros, de suerte que no es posible hablar de una posición en el sistema (mayor, menor, segundo, patrón, cliente, cautivo…) sin referencia a un cierto número de otros; el otro íntimo, por último, que no se confunde con el anterior, que está presente en el corazón de todos los sistemas de pensamiento, y cuya representación, universal, responde al hecho de que la individualidad absoluta es impensable: la transmisión hereditaria, la herencia, la filiación, el parecido, la influencia, son otras tantas categorías mediante las cuales puede aprehenderse una alteridad complementaria, y más aún, constitutiva de toda individualidad. Toda la bibliografía consagrada a la noción de persona, a la interpretación de la enfermedad y a la hechicería testimonia el hecho de que una de las cuestiones principales planteadas por la etnología lo es también para aquellos que esta estudia: la etnología se ocupa de lo que se podría llamar la alteridad esencial o íntima. Las representaciones de la alteridad íntima, en los sistemas que estudia la etnología, sitúan la necesidad en el corazón mismo de la individualidad, e impiden por eso mismo disociar la cuestión de la identidad colectiva de la de la identidad individual. Hay allí un ejemplo muy notable de lo que el contenido mismo de las creencias estudiadas por el etnólogo puede imponer al hecho del que intenta dar cuenta: no es simplemente porque la representación del individuo es una construcción social que le interesa a la antropología; es también porque toda representación del individuo es necesariamente una representación del vínculo social que le es consustancial. A la vez, le debemos a la antropología el conocimiento de las sociedades lejanas y, más que las que ha estudiado, le debemos este descubrimiento: lo social comienza con el individuo; el individuo depende de la mirada etnológica. Lo concreto de la antropología está en las antípodas de lo concreto definido por ciertas escuelas sociológicas como aprehensible en los órdenes de magnitud en los que se han eliminado las variables individuales.

Marcel Mauss, al analizar las relaciones entre psicología y sociología, reconocía sin embargo serias limitaciones a la definición de la individualidad sometida a la mirada etnológica. En un curioso pasaje, precisa, en efecto, que el hombre estudiado por los sociólogos no es el hombre dividido, controlado y dominado de la élite moderna, sino el hombre ordinario o arcaico que se deja definir como una totalidad: «El hombre medio de nuestros días —esto vale sobre todo para las mujeres— y casi todos los hombres de las sociedades arcaicas o atrasadas, es una totalidad; es afectado en todo su ser por la menor de sus percepciones o por el menor choque mental. El estudio de esta "totalidad" es capital, en consecuencia, para todo lo que no se refiere a la élite de nuestras sociedades modernas».[1] Pero la idea de totalidad, a la que sabemos que le daba tanta importancia Mauss, para quien lo concreto es lo completo, limita y en cierto modo mutila la de individualidad. Más exactamente, la individualidad en la que piensa Mauss es una individualidad representativa de la cultura, una individualidad tipo. Podemos confirmarlo en el análisis que hace del fenómeno social total, en cuya interpretación deben ser integrados, como lo apunta Lévi-Strauss en su «Introducción a la obra de Marcel Mauss», no solamente el conjunto de los aspectos discontinuos bajo uno cualquiera de los cuales (familiar, técnico, económico) se podría sentir la tentación de aprehenderlo exclusivamente, sino también la visión que tiene o puede tener cualquiera de los nativos que lo vive. La experiencia del hecho social total es doblemente concreta (y doblemente completa): experiencia de una sociedad precisamente localizada en el tiempo y en el espacio, pero también de un individuo cualquiera de esa sociedad.

1   M. Mauss, *Sociologie et anthropologie,* París, PUF, 1966, p. 306 (trad. cast.: *Sociología y antropología,* Madrid, Tecnos, 1971).

Solo que ese individuo no es cualquiera: se identifica con la sociedad de la cual no es sino una expresión y es significativo que, para dar una idea de lo que entiende por un individuo cualquiera, Mauss haya recurrido al artículo definido, refiriéndose por ejemplo a «el melanesio de tal o cual isla». El texto citado antes nos aclara este punto. El melanesio no es solamente total porque lo aprehendemos en sus diferentes dimensiones individuales, «física, fisiológica, psíquica y sociológica» sino porque es una individualidad de síntesis, expresión de una cultura considerada también ella como un todo.

Habría mucho que decir (y no se ha dicho poco) sobre esta concepción de la cultura y de la individualidad. El hecho de que, bajo ciertos aspectos y en ciertos contextos, cultura e individualidad puedan definirse como expresiones recíprocas es una trivialidad, en todo caso un lugar común, del que nos servimos, por ejemplo, para decir que tal o cual persona es un bretón, un inglés, un auvernés o un alemán. Tampoco nos sorprende que las reacciones de las individualidades pretendidamente libres puedan captarse y aun preverse a partir de muestras estadísticamente significativas. Simplemente, hemos aprendido paralelamente a dudar de las identidades absolutas, simples y sustanciales, tanto en el plano colectivo como en el individual. Las culturas «trabajan» como la madera verde y no constituyen nunca totalidades acabadas (por razones intrínsecas y extrínsecas); y los individuos, por simples que se los imagine, no lo son nunca lo bastante como para no situarse con respecto al orden que les asigna un lugar: no expresan la totalidad sino bajo un cierto ángulo. Por otra parte, el carácter problemático de todo orden establecido no se manifestaría quizá nunca como tal —en las guerras, las revueltas, los conflictos, las tensiones— sin el papirotazo inicial de una iniciativa individual. Ni la cultura localizada en el tiempo y el espacio ni los individuos en los cuales se encarna definen un nivel de identidad básico más allá del cual ya no sería pensable ninguna alteridad. Por supuesto, el «trabajo» de la cultura en sus márgenes, o las estrategias individuales en el interior de los sistemas instituidos, no deben tomarse en consideración en la definición de ciertos objetos (intelectuales) de investigación. Sobre este punto, las discusiones y las polémicas han padecido a veces de mala fe o de miopía: destaquemos simplemente, por ejemplo, que el hecho de que una norma sea respetada o no, que pueda ser eventualmente eludida o transgredida, no tiene nada que ver con la consideración de todas sus implicaciones lógicas, las cuales constituyen ciertamente un verdadero objeto de investigación. Por el contrario, hay otros objetos de investigación que se someten a la acción de los procedimientos de transformación o cambio, desviaciones, iniciativas o transgresiones.

Es suficiente saber de qué se habla y nos basta aquí comprobar que, cualquiera que sea el nivel al que se aplique la investigación antropológica, siempre tiene por objeto interpretar la interpretación que otros hacen de la categoría del otro en los diferentes niveles en que sitúan su lugar e imponen su necesidad: la etnia, la tribu, la aldea, el linaje o cualquier otro modo de agrupación hasta llegar al átomo elemental de parentesco, que sabemos que somete la identidad de la filiación a la necesidad de la alianza; y el individuo, por último, que todos los sistemas rituales definen como compuesto y petrificado de alteridad, figura literalmente impensable, como lo son, en modalidades opuestas, la del rey y la del hechicero.

La segunda comprobación no se refiere ya a la antropología sino al mundo en el que descubre sus objetos y, más particularmente, al mundo contemporáneo. No es la antropología la que, cansada de terrenos exóticos, se vuelve hacia horizontes más familiares, a riesgo de perder allí su continuidad, como teme Louis Dumont, sino el mundo contemporáneo mismo el que, por el hecho de sus transformaciones aceleradas, atrae la mirada antropológica, es decir, una reflexión renovada y metódica sobre la categoría de la alteridad. Dedicaremos una atención especial a tres de estas transformaciones.

La primera se refiere al tiempo, a nuestra percepción del tiempo, pero también al uso que hacemos de él, a la manera en que disponemos de él. Para un cierto número de intelectuales, el tiempo ya no es hoy un principio de inteligibilidad. La idea de progreso, que implicaba que el después pudiera explicarse en función del antes, ha encallado de alguna manera en los arrecifes del siglo xx, al salir de las esperanzas o de las ilusiones que habían acompañado la travesía de gran aliento en el siglo XIX. Este cuestionamiento, a decir verdad, se refiere a varias comprobaciones distintas unas de otras: las atrocidades de las guerras mundiales, los totalitarismos y las políticas de genocidio, que no testimonian, es lo menos que se puede decir, un progreso moral de la humanidad; el fin de los grandes relatos, es decir, de los grandes sistemas de interpretación que pretendían dar cuenta de la evolución del conjunto de la humanidad y que no lo han logrado, así como se desviaron o se borraron los sistemas políticos que se inspiraban oficialmente en algunos de ellos; en total, o en adelante, una duda sobre la historia como portadora de sentido, duda renovada, podría decirse, ya que recuerda extrañamente a aquella en la que Paul Hazard creía poder descubrir, en la bisagra de los siglos XVII y XVIII, el resorte de la querella entre los Antiguos y los Modernos y de la crisis de la conciencia europea. Pero, si Fontenelle dudaba de la historia, su duda se refería esencialmente a su método (anecdótico y poco seguro), a su objeto (el pasado no nos habla más que de la locura de los hombres) y a su utilidad (enseñar a los jóvenes la época en la cual están llamados a vivir). Si los historiadores, en Francia especialmente, dudan hoy de la historia, no es por razones técnicas o metodológicas (la historia como ciencia ha hecho progresos), sino porque, fundamentalmente, experimentan grandes dificultades no solo para hacer del tiempo un principio de inteligibilidad sino, más aún, para inscribir en él un principio de identidad.

Asimismo vemos que privilegian ciertos grandes temas llamados «antropológicos» (familia, vida privada, lugares de la memoria). Estas investigaciones concuerdan con el gusto del público por las formas antiguas, como si estas les hablaran a nuestros contemporáneos de lo que son mostrándoles lo que ya no son. Nadie expresa mejor este punto de vista que Pierre Nora, en su prefacio al primer volumen de los *Lieux de mémoire:* lo que buscamos en la acumulación religiosa de los testimonios, de los documentos, de las imágenes, de todos los «signos visibles de lo que fue», dice, es fundamentalmente nuestra diferencia, y «en el espectáculo de esta diferencia el destello súbito de una inhallable identidad. Ya no una génesis sino el desciframiento de lo que somos a la luz de lo que ya no somos».

Esta comprobación de conjunto corresponde también a la desaparición, inmediatamente después de la guerra, de las referencias sartreana y marxista para las cuales lo universal era, a fin de cuentas y del análisis, la verdad de lo particular, y corresponde además a lo que se podría llamar, según muchos otros, la sensibilidad posmoderna, para la cual una moda vale lo mismo que otra, y el *patchwork* de las modas significa la desaparición de la modernidad como finalización de una evolución que se parecería a un progreso.

Este tema es inagotable, pero se puede encarar desde otro punto de vista la cuestión del tiempo, a partir de una comprobación muy trivial que podemos hacer cotidianamente: la historia se acelera.

Apenas tenemos tiempo de envejecer un poco y ya nuestro pasado se vuelve historia, nuestra historia individual pasa a pertenecer a la Historia. Las personas de mi edad conocieron en su infancia y en su adolescencia la especie de nostalgia silenciosa de los antiguos combatientes de 1914-1918, que parecía decirnos que ellos eran los que habían vivido la historia (¡y qué historia!), y que nosotros no comprenderíamos nunca verdaderamente lo que eso quería decir. Hoy los años recientes, los *sixties*, los *seventies*, muy pronto los *eighties*, se vuelven historia tan pronto como hicieron su aparición. La historia nos pisa los talones. Nos sigue como nuestra sombra, como la muerte. La historia, es decir, una serie de hechos reconocidos como acontecimientos por muchos (los Beatles, el 68, la guerra de Argelia, Vietnam, el 81, la caída del muro de Berlín, la democratización de los países del Este, la guerra del Golfo, el desmembramiento de la URSS), acontecimientos que sabemos que tendrán importancia para los historiadores de mañana o de pasado mañana y a los cuales cada uno de nosotros, por consciente que sea de no ser nada más en este asunto que Fabrice en Waterloo, puede agregar algunas circunstancias o algunas imágenes particulares, como si cada día fuera menos cierto que los hombres, que hacen la historia (y si no ¿quién otro?), no saben que la hacen. ¿No es esta superabundancia misma (en un planeta cada día más estrecho, como veremos luego) la que plantea problemas al historiador de la contemporaneidad?

Precisemos este punto. El acontecimiento siempre fue un problema para los historiadores que querían ahogarlo en el gran movimiento de la historia y lo concebían como un puro pleonasmo entre un antes y un después concebido él mismo como el desarrollo de ese antes. Más allá de las polémicas, es el sentido que propone François Furet de la Revolución francesa, acontecimiento por excelencia. ¿Qué nos dice en *Penser la Révolution française?* Que, desde que estalla la Revolución, el acontecimiento revolucionario «instituye una nueva modalidad de la acción histórica, que no está catalogada en el inventario de esa situación». El acontecimiento revolucionario (pero la Revolución es, en este sentido, ejemplarmente acontecedora) no es reductible a la suma de los factores que la han hecho posible y, después, pensable. Estaríamos equivocados si limitáramos este análisis al solo caso de la Revolución.

La «aceleración» de la historia tiene que ver de hecho con una multiplicación de acontecimientos generalmente no previstos por los economistas, los historiadores ni los sociólogos. Esta superabundancia de acontecimientos resulta un problema, y no tanto los horrores del siglo xx (inéditos por su amplitud, pero posibilitados por la tecnología), ni la mutación de los esquemas intelectuales o los trastornos políticos, de los cuales la historia nos ofrece muchos otros ejemplos. Esta superabundancia, que no puede ser plenamente apreciada más que teniendo en cuenta, por una parte, la superabundancia de la información de la que disponemos y por otra las interdependencias inéditas de lo que algunos llaman hoy el «sistema planetario», plantea incontestablemente un problema a los historiadores, especialmente a los de la contemporaneidad, denominación que a causa de la frecuencia de acontecimientos de los últimos decenios corre el riesgo de perder toda significación. Pero este problema es precisamente de naturaleza antropológica.

Escuchemos a Furet cuando define la dinámica de la Revolución como acontecimiento. Es una dinámica, dice, «que se podrá llamar política, ideológica o cultural, para decir que su poder multiplicado de movilización de los hombres y de acción sobre las cosas pasa por una sobrecarga de sentidos».[2] Este sobredimensionamiento de sentidos, ejemplarmente juzgado desde el punto de vista antropológico, es también el que testimonian, al precio de contradicciones cuyo despliegue no hemos terminado de observar, numerosos acontecimientos contemporáneos; por ejemplo, cuando se hunden en un abrir y cerrar de ojos regímenes cuya caída nadie osaba prever; pero también, y más aún tal vez, en ocasión de crisis larvadas que afectan la vida política, social y económica de los países liberales y de las cuales hemos tomado insensiblemente la costumbre de hablar en términos de sentido. Lo que es nuevo no es que el mundo no tenga —o tenga poco, o menos— sentido, sino que experimente-

2   F. Furet, *Penser la Révolution française,* París, Gallimard, 1978, p. 39 (trad. cast.: *Pensar la Revolución Francesa,* Buenos Aires, Petrel, 1980).

mos explícita e intensamente la necesidad cotidiana de darle alguno: de dar sentido al mundo, no a tal pueblo o a tal raza. Esta necesidad de dar un sentido al presente, si no al pasado, es el rescate de la super-abundancia de acontecimientos que corresponde a una situación que podríamos llamar de «sobremodernidad» para dar cuenta de su modalidad esencial: el exceso.

Pues cada uno de nosotros sabe o cree saber cómo usar este tiempo sobrecargado de acontecimientos que estorban tanto el presente como el pasado cercano. Lo cual, destaquémoslo, no puede sino llevarnos a exigir aún más sentido. La prolongación de la expectativa de vida, el pasaje a la coexistencia habitual de cuatro y ya no de tres generaciones entrañan progresivamente cambios prácticos en el orden de la vida social. Pero, paralelamente, amplían la memoria colectiva, genealógica e histórica, y multiplican las ocasiones en las que cada individuo puede tener la sensación de que su historia atraviesa la Historia y que esta concierne a aquella. Sus exigencias y sus decepciones están ligadas a la consolidación de ese sentimiento.

Es, pues, con una figura del exceso —el exceso de tiempo— con lo que definiremos primero la situación de sobremodernidad, sugiriendo que, por el hecho mismo de sus contradicciones, esta ofrece un magnífico terreno de observación y, en el sentido pleno del término, un objeto para la investigación antropológica. De la sobremodernidad se podría decir que es el anverso de una pieza de la cual la posmodernidad solo nos presenta el reverso: el positivo de un negativo. Desde el punto de vista de la sobremodernidad, la dificultad de pensar el tiempo se debe a la superabundancia de acontecimientos del mundo contemporáneo, no al derrumbe de una idea de progreso desde hace largo tiempo deteriorada, por lo menos bajo las formas caricaturescas que hacen particularmente fácil su denuncia. El tema de la historia inminente, de la historia que nos pisa los talones (casi inmanente en la vida cotidiana de cada uno) aparece como previo al del sentido o el sinsentido de la historia, pues es nuestra exigencia de comprender todo el presente lo que da como resultado nuestra dificultad para otorgar un sentido al pasado reciente: la demanda positiva de sentido (uno de cuyos aspectos esenciales es sin duda el ideal democrático), que se manifiesta en los individuos de las sociedades contemporáneas, puede explicar paradójicamente los fenómenos que son a veces interpretados como los signos de una crisis de sentido y, por ejemplo, las decepciones de todos los desengañados de la Tierra: desengañados del socialismo, desengañados del liberalismo y, muy pronto, desengañados del poscomunismo.

La segunda transformación acelerada propia del mundo contemporáneo, y la segunda figura del exceso característica de la sobremodernidad, corresponde al espacio. Del exceso de espacio podríamos decir, en primer lugar, aquí otra vez un poco paradójicamente, que es correlativo del achicamiento del planeta: de este distanciamiento de nosotros mismos al que corresponden la actuación de los cosmonautas y la ronda de nuestros satélites. En un sentido, nuestros primeros pasos en el espacio nos lo reducen a un punto ínfimo, cuya exacta medida nos la dan justamente las fotos tomadas por satélite. Pero el mundo, al mismo tiempo, se nos abre. Estamos en la era de los cambios de escala, en lo que se refiere a la conquista espacial, sin duda, pero también sobre la Tierra: los veloces medios de transporte llegan en unas horas de cualquier capital del mundo a cualquier otra. En la intimidad de nuestras viviendas, por último, imágenes de toda clase, recogidas por los satélites y captadas por las antenas erigidas sobre los techos del más recóndito de los pueblos, pueden darnos una visión instantánea y a veces simultánea de un acontecimiento que está produciéndose en el otro extremo del planeta. Presentimos seguramente los efectos perversos o las distorsiones posibles de una información con imágenes así seleccionadas: no solamente puede ser, como se ha dicho, manipulada, sino que la imagen (que no es más que una entre millares de otras posibles) ejerce una influencia y posee un poder que excede en mucho la información objetiva de la que es portadora. Por otra parte, es necesario comprobar que se mezclan cotidianamente en las pantallas del planeta las imágenes de la información, las de la publicidad y las de la ficción, cuyo tratamiento y finalidad no son idénticos, por lo menos en principio, pero que componen bajo nuestros ojos un universo relativamente homogéneo en su diversidad. ¿Hay algo más realista y, en un sentido, más informativo, sobre la vida en Estados Unidos que una buena serie norteamericana? Habría que tomar también en consideración esa especie de falsa familiaridad que la pantalla chica establece entre los telespectadores y los actores de la gran historia, cuya silueta es tan habitual para nosotros como la de los héroes de folletín o la de las *vedettes* internacionales de la vida artística o deportiva. Son como los paisajes donde las vemos moverse regularmente: Texas, California, Washington, Moscú, el Elíseo, Twickenham, Aubisque o el desierto de Arabia; aun si no los conocemos, los reconocemos.

Esta superabundancia espacial funciona como un engaño, pero un engaño cuyo manipulador sería muy difícil de identificar (no hay nadie detrás del espejismo). Constituye en gran parte un sustituto de los universos que la etnología ha hecho suyos tradicionalmente. De estos universos, en gran medida ficticios, se podría decir que son esencialmente universos de reconocimiento. Lo propio de los universos simbólicos es constituir para los hombres que los han recibido como herencia un medio de reconocimiento más que de conocimiento: universo cerrado donde todo constituye signo, conjuntos de códigos que algunos saben utilizar y cuya clave poseen, pero cuya existencia todos admiten, totalidades parcialmente ficticias pero efectivas, cosmologías que podrían pensarse concebidas para hacer las delicias de los etnólogos. Pues las fantasías de los etnólogos se tocan en este punto con las de los nativos que estudian. La etnología se preocupó durante mucho tiempo por recortar en el mundo espacios significantes, sociedades identificadas con culturas concebidas en sí mismas como totalidades plenas: universos de sentido en cuyo interior los individuos y los grupos que no son más que su expresión se definen con respecto a los mismos criterios, a los mismos valores y a los mismos procedimientos de interpretación.

No volveremos sobre una concepción de la cultura y de la individualidad ya criticada antes. Basta con decir que esta concepción ideológica refleja tanto la ideología de los etnólogos como la de aquellos a quienes estudian, y que la experiencia del mundo sobremoderno puede ayudar a los etnólogos a deshacerse de ella, o, más exactamente, a medir su alcance. Pues esta experiencia reposa, entre otras cosas, sobre una organización del espacio que el espacio de la modernidad desborda y relativiza. Aquí una vez más hay que entenderse: así como la inteligencia del tiempo —creímos— se complica más por la superabundancia de acontecimientos del presente de lo que resulta socavada por una subversión radical de los modos prevalecientes de la interpretación histórica, del mismo modo, la inteligencia del espacio la subvierten menos los trastornos en curso (pues existen todavía terruños y territorios, en la realidad de los hechos de terreno y, más aún, en la de las conciencias y la imaginación, individuales y colectivas) de lo que la complica la superabundancia espacial del presente. Esta concepción del espacio se expresa, como hemos visto, en los cambios de escala, en la multiplicación de las referencias imaginadas e imaginarias y en la espectacular aceleración de los medios de transporte y conduce concretamente a modificaciones físicas considerables: concentraciones urbanas, traslados de poblaciones y multiplicación de lo que llamaríamos los «no lugares», por oposición al concepto sociológico de lugar, asociado por Mauss y toda una tradición etnológica con el de cultura localizada en el tiempo y en el espacio. Los no lugares son tanto las instalaciones necesarias para la circulación acelerada de personas y bienes (vías rápidas, empalmes de rutas, aeropuertos) como los medios de transporte mismos o los grandes centros comerciales, o también los campos de tránsito prolongado donde se estacionan los refugiados del planeta. Pues vivimos en una época, bajo este aspecto también, paradójica: en el momento mismo en que la unidad del espacio terrestre se vuelve pensable y en el que se refuerzan las grandes redes multinacionales, se amplifica el clamor de los particularismos: de aquellos que quieren quedarse solos en su casa o de aquellos que quieren volver a tener patria, como si el conservadurismo de los unos y el mesianismo de los otros estuviesen condenados a hablar el mismo lenguaje: el de la tierra y el de las raíces.

Se podría pensar que el desplazamiento de los parámetros espaciales (la superabundancia espacial) le presenta al etnólogo dificultades del mismo orden que las que encuentran los historiadores ante la superabundancia de acontecimientos. Se trata de dificultades del mismo orden, en efecto, pero, para la investigación antropológica, particularmente estimulantes. Cambios en escala, cambios de parámetros: nos falta, como en el siglo XI, emprender el estudio de civilizaciones y de culturas nuevas.

Poco importa que en cierta medida tomemos o no partido, pues estamos lejos, cada uno por su parte, de dominar todos los aspectos, todo lo contrario. Inversamente, las culturas exóticas no les parecían antes a los observadores occidentales tan diferentes como para no sentirse tentados al principio a leerlas a través de las grillas etnocentristas de sus propias costumbres. Si la experiencia lejana nos ha enseñado a descentralizar nuestra mirada, debemos sacar provecho de esta experiencia. El mundo de la supermodernidad no tiene las medidas exactas de aquel en el cual creemos vivir, pues vivimos en un mundo que no hemos aprendido a mirar todavía. Tenemos que aprender de nuevo a pensar el espacio.

La tercera figura del exceso con la que podría definirse la situación de sobremodernidad, la conocemos. Es la figura del ego, del individuo, que vuelve, como se suele decir, hasta en la reflexión antropológica, puesto que, a falta de nuevos terrenos, en un universo sin territorios, y de aliento teórico, en un mundo sin grandes relatos, los etnólogos, ciertos etnólogos, después de haber intentado tratar a las culturas (las culturas localizadas, las culturas a lo Mauss) como textos, llegaron a interesarse exclusivamente en la descripción etnográfica como texto:

texto expresivo de su autor naturalmente, de suerte que si le creemos a James Clifford, los nuer nos enseñarían más sobre Evans-Pritchard que este sobre aquellos. Sin poner en cuestión aquí el espíritu de la investigación hermenéutica, según el cual los intérpretes se construyen a sí mismos a través del estudio que hacen de los otros, se sugerirá que, tratándose de etnología y de literatura etnológica, la hermenéutica de poco alcance corre el riesgo de la trivialidad. En efecto, no es cierto que la crítica literaria de corte deconstructivista aplicada al corpus etnográfico nos enseñe mucho más que trivialidades y obviedades (por ejemplo, que Evans-Pritchard vivía en la época colonial). Pero, por el contrario, es posible que la etnología se desvíe y cambie sus terrenos de estudio por el estudio de aquellos que han hecho terreno.

La antropología posmoderna depende (digámoslo en represalia) de un análisis de la sobremodernidad de la cual su método reductor (del terreno al texto y del texto al autor) no es sino una expresión particular.

En las sociedades occidentales, al menos, el individuo se cree un mundo. Cree interpretar para y por sí mismo las informaciones que se le entregan. Los sociólogos de la religión pusieron de manifiesto el carácter singular de la práctica católica misma: los practicantes entienden practicar a su modo. Asimismo, la cuestión de la relación entre los sexos quizá no pueda ser superada sino en nombre del valor individual indiferenciado. Esta individualización de los procedimientos, notémoslo, no es tan sorprendente si se refiere a los análisis anteriores: nunca las historias individuales han tenido que ver tan explícitamente con la historia colectiva, pero nunca tampoco los puntos de referencia de la identidad colectiva han sido tan fluctuantes. La producción individual de sentido es, por lo tanto, más necesaria que nunca. Naturalmente, la sociología puede poner perfectamente de manifiesto las ilusiones de las que procede esta individualización de los procedimientos y los efectos de reproducción y de estereotipia que escapan en su totalidad o en parte a la conciencia de los actores. Pero el carácter singular de la producción de sentido, reemplazado por todo un aparato publicitario —que habla del cuerpo, de los sentidos, de la frescura de vivir— y todo un lenguaje político, centrado en el tema de las libertades individuales, es interesante en sí mismo: remite a lo que los etnólogos estudiaron en los otros, bajo rubros diversos, por ejemplo eso que se podría llamar las antropologías, más que las cosmologías, locales, es decir, los sistemas de representación que permiten dar forma a las categorías de la identidad y de la alteridad.

Así se les plantea hoy en términos nuevos a los antropólogos un problema que suscita las mismas dificultades que enfrentó Mauss y, después de él, el conjunto de la corriente culturalista: ¿cómo pensar y situar al individuo? Michel de Certeau, en *L'invention du quotidien,* habla de «astucias de las artes de hacer» que permiten a los individuos sometidos a las coacciones globales de la sociedad moderna, especialmente la sociedad urbana, desviarlas, utilizarlas y, por una suerte de *bricolage* cotidiano, trazar en ellas su decoración y sus itinerarios particulares. Pero estas astucias y estas artes de hacer (Michel de Certeau era consciente de ello) remiten ora a la multiplicidad de los individuos término medio (el colmo de lo concreto), ora al término medio de los individuos (una abstracción). Freud, asimismo, en sus obras de finalidad sociológica *(El malestar en la cultura, El porvenir de una ilusión)*, utilizaba la expresión «hombre ordinario» *(der gemeine Mann)* para oponer, un poco como Mauss, la media de los individuos a la élite esclarecida, es decir, a aquellos individuos humanos que están en condiciones de tomarse a sí mismos como objeto de una operación reflexiva.

Sin embargo, Freud tiene perfecta conciencia de que el hombre alienado del que habla, alienado en las diversas instituciones, por ejemplo la religión, es también todo el hombre o todo hombre, empezando por el propio Freud o por cualquiera de aquellos que están en situación de observar en sí mismos los mecanismos y los efectos de la alienación. Esta alienación necesaria es también aquella de la que habla Lévi-Strauss cuando escribe en su *Introducción a la obra de Marcel Mauss* que, hablando con propiedad, el que llamamos sano de espíritu está alienado, puesto que consiente en existir en un mundo definido por la relación con los demás.

Se sabe que Freud practicó el autoanálisis. Hoy se les plantea a los antropólogos la cuestión de saber cómo integrar en su análisis la subjetividad de aquellos que observan, es decir, a fin de cuentas, en vista del nuevo estatuto del individuo en nuestras sociedades, saber cómo redefinir las condiciones de la representatividad. No se puede descartar que el antropólogo, siguiendo el ejemplo de Freud, se considere como un nativo de su propia cultura, en suma, un informante privilegiado, y se arriesgue a algunos ensayos de autoanálisis.

Más allá del acento importante que hoy se pone sobre la referencia individual o, si se quiere, sobre la individualización de las referencias, a lo que habría que prestar atención es a los hechos de singularidad: singularidad de los objetos, singularidad de los grupos o de las pertenencias, recomposición de lugares, singularidades de todos los órdenes que constituyen el contrapunto paradójico de los procedimientos de puesta en relación, de aceleración y de deslocalización rápidamente reducidos y resumidos a veces por expresiones como «homogeneización, o mundialización, de la cultura».

La cuestión de las condiciones de realización de una antropología de la contemporaneidad debe trasladarse del método al objeto. No es que las cuestiones de método no tengan una importancia determinante, o incluso que puedan ser enteramente disociadas de la del objeto. Pero la cuestión del objeto es una cosa previa. Constituye un doble previo, puesto que, antes de interesarse en las nuevas formas sociales, en los nuevos modos de sensibilidad o en las nuevas instituciones que pueden aparecer como características de la contemporaneidad actual, es necesario prestar atención a los cambios que han afectado a las grandes categorías a través de las cuales los hombres piensan su identidad y sus relaciones recíprocas. Las tres figuras del exceso con las que hemos tratado de caracterizar la situación de sobremodernidad (la superabundancia de acontecimientos, la superabundancia espacial y la individualización de las referencias) permiten captar esta situación sin ignorar sus complejidades y contradicciones, pero sin convertirlas tampoco en el horizonte infranqueable de una modernidad perdida de la que no tendríamos más que seguir las huellas, catalogar los elementos aislados o inventariar los archivos. El siglo XXI será antropológico, no solo porque las tres figuras del exceso no son sino la forma actual de una materia prima perenne que es la materia misma de la antropología, sino también porque en las situaciones de sobremodernidad (como en aquellas que la antropología analizó con el nombre de «aculturación») los componentes se adicionan sin destruirse. Así se les puede asegurar por adelantado a aquellos a quienes les apasionan los fenómenos estudiados por la antropología (desde la alianza a la religión, desde el intercambio al poder, desde la posesión a la hechicería): no están a punto de desaparecer, ni en África ni en Europa. Pero volverán a tener sentido (recobrarán su sentido) con el resto, en un mundo diferente, cuyas razones y sinrazones los antropólogos de mañana tendrán que comprender, como hoy.

El lugar antropológico

El lugar que comparten el etnólogo y aquellos de los que este habla es, precisamente, un lugar: el que ocupan los nativos que en él viven, trabajan, marcan sus puntos fuertes, lo defienden, cuidan las fronteras pero señalan también la huella de las potencias infernales o celestes, la de los antepasados o de los espíritus que pueblan y animan la geografía íntima, como si el pequeño trozo de humanidad que les dirige en ese lugar ofrendas y sacrificios fuera también la quintaesencia de la humanidad, como si no hubiera humanidad digna de ese nombre más que en el lugar mismo del culto que se les consagra.

Y el etnólogo, por el contrario, se vanagloria de poder descifrar a través de la organización del lugar (la frontera siempre postulada y balizada entre naturaleza salvaje y naturaleza cultivada, la repartición permanente o provisional de las tierras de cultivo o de las aguas para la pesca, el plano de los pueblos, la disposición del hábitat y las reglas de residencia, en suma, la geografía económica, social, política y religiosa del grupo) un orden tanto más coercitivo, y en todo caso evidente, en la medida en que su transcripción en el espacio le da la apariencia de una segunda naturaleza. El etnólogo se ve así como el más sutil y el más sabio de los nativos.

Este lugar común al etnólogo y a sus nativos es en un sentido (el del latín *invenire*) una invención: ha sido descubierto por aquellos que lo reivindican como propio. Los relatos de fundación son raramente relatos de autoctonía; más a menudo, por el contrario, son relatos que integran a los genios del lugar y a los primeros habitantes en la aventura común del grupo en movimiento. La marca social del suelo es tanto más necesaria cuanto que no es siempre original. El etnólogo, por su parte, también descubre esta marcación. Sucede incluso que su intervención y su curiosidad pueden despertar en aquellos a quienes investiga el gusto por sus orígenes que pudieron atenuar, ahogar a veces, los fenómenos ligados a la actualidad más reciente: las migraciones hacia la ciudad, los nuevos poblamientos, la extensión de las culturas industriales.

Por cierto, en el origen de esta doble invención existe una realidad, que le provee su materia prima y su objeto. Pero esta puede engendrar también fantasías e ilusiones: fantasía del nativo, de una sociedad anclada desde tiempos inmemoriales en la perennidad de un terruño intocado más allá del cual nada es ya verdaderamente pensable; ilusión del etnólogo, de una sociedad tan transparente en sí misma que se expresa entera en la menor de sus costumbres, en cualquiera de sus instituciones así como en la personalidad global de cada uno de los que la componen. La consideración de la cuadrícula sistemática de la naturaleza que han operado todas las sociedades, aun las nómadas, prolonga la fantasía y alimenta la ilusión.

La fantasía de los nativos es la de un mundo cerrado fundado de una vez y para siempre que, a decir verdad, no debe ser conocido. Se conoce ya todo lo que hay que conocer: las tierras, el bosque, los orígenes, los puntos notables, los lugares de culto, las plantas medicinales, sin desconocer las dimensiones temporales de un estado de los lugares en el cual los relatos de origen y el calendario ritual postulan su legitimidad y aseguran en principio su estabilidad. Dado el caso, es necesario reconocerse en él. Todo acontecimiento imprevisto, aun si es, desde el punto de vista ritual, del todo previsible y recurrente, como los nacimientos, las enfermedades y la muerte, exige que se lo interprete, no para ser conocido, a decir verdad, sino para ser reconocido, es decir, para ser digno de un discurso, de un diagnóstico en los términos ya catalogados cuyo enunciado no sea susceptible de chocar con los guardianes de la ortodoxia cultural y la sintaxis social. Que los términos de este discurso sean voluntariamente espaciales no podría sorprender, a partir del momento en que el dispositivo espacial es a la vez lo que expresa la identidad del grupo (los orígenes del grupo son a menudo diversos, pero es la identidad del lugar la que lo funda, lo reúne y lo une) y es lo que el grupo debe defender contra las amenazas externas e internas para que el lenguaje de la identidad conserve su sentido.

Una de mis primeras experiencias etnológicas, la interrogación del cadáver en el país aladiano, fue, desde este punto de vista, ejemplar: tanto más en la medida en que, según modalidades variables, está muy extendida en el África occidental y se encuentran técnicas equivalentes en otras partes del mundo. Se trataría, *grosso modo,* de hacerle decir al cadáver si el responsable de su muerte se hallaba en el exterior de los pueblos aladianos o en uno de ellos, en el interior mismo del pueblo donde tenía lugar la ceremonia o en el exterior (y en este caso, al este o al oeste), en el interior o en el exterior de su propio linaje, de su propia casa, etc. Sucedía, por otra parte, que el cadáver, haciendo un cortocircuito en la lenta progresión del cuestionario, arrastraba al cortejo de sus portadores hacia una «choza» en la que rompía la empalizada o la puerta de entrada, significando con eso a sus interrogadores que no debían buscar más lejos. No se podría expresar mejor que la identidad del grupo étnico (en este caso, el grupo compuesto por los aladianos), que exige en efecto un buen dominio de sus tensiones internas, pasa por una revisión permanente del buen estado de sus fronteras exteriores e interiores... Y es significativo que tengan o hayan tenido que ser reformuladas, repetidas y reafirmadas en ocasión de casi cada muerte individual.

La fantasía del lugar fundado e incesantemente refundador no es sino una semifantasía. Ante todo, funciona bien o, mejor dicho, ha funcionado bien: las tierras fueron valorizadas, la naturaleza fue domesticada, la reproducción de las generaciones, asegurada; en este sentido los dioses del terruño lo protegieron bien. El territorio se mantuvo contra las amenazas de agresiones exteriores o de escisiones internas, cosa que no siempre sucede, lo sabemos: en este sentido, también, los dispositivos de la adivinación y de la prevención han sido eficaces. Esta eficacia puede medirse a escala de la familia, de los linajes, del pueblo o del grupo. Aquellos que toman a su cargo la gestión de las peripecias puntuales, el esclarecimiento y la resolución de las dificultades concretas son siempre más numerosos que los que son sus víctimas o que los que cuestionan: existe solidaridad entre la gente y el sistema funciona bastante bien.

Semifantasía también porque, si nadie duda de la realidad del lugar común y de las potencias que lo amenazan o lo protegen, nadie ignora tampoco, nadie ha ignorado nunca ni la realidad de los otros grupos (en África, numerosos relatos de fundación son ante todo relatos de guerra y de huida) y, por lo tanto, también de los otros dioses, ni la necesidad de comerciar o de ir a buscar mujer en otra parte. Nada permite pensar que ayer más que hoy la imagen de un mundo cerrado y autosuficiente haya sido, para aquellos mismos que la difundían y, por función, se identificaban con ella, otra cosa que una imagen útil y necesaria, no una mentira sino un mito aproximativamente inscrito en el suelo, frágil como el territorio cuya singularidad fundaba el sujeto, como lo son las fronteras, con rectificaciones eventuales pero condenado, por esta misma razón, a hablar siempre del último desplazamiento como de la primera fundación.

En este punto la ilusión del etnólogo se toca con la semifantasía de los nativos. No es, tampoco, más que una semiilusión. Pues si el etnólogo se siente evidentemente muy tentado a identificar a aquellos que estudia con el paisaje donde los descubre y con el espacio al que ellos le dieron una forma, tampoco ignora más que ellos las vicisitudes de su historia, su movilidad, la multiplicidad de los espacios a los que se refieren y la fluctuación de sus fronteras. Puede, igual que ellos, incluso sentir la tentación de tomar sobre los trastornos actuales la medida ilusoria de su estabilidad pasada. Cuando las aplanadoras borran el terruño, cuando los jóvenes parten a la ciudad o cuando se instalan «alóctonos», en el sentido más concreto, más espacial, se borran, con las señales del territorio, las de la identidad.

Pero allí no está lo esencial de su tentación, que es intelectual y de la que es testimonio de vieja data la tradición etnológica.

La llamaremos, recurriendo a una noción que esta tradición misma ha usado y de la que ha abusado en varias circunstancias, la «tentación de la totalidad». Volvamos un instante al uso que hacía Mauss del concepto de hecho social y al comentario que propone Lévi-Strauss. La totalidad del hecho social, para Mauss, remite a otras dos totalidades: la suma de las diversas instituciones que entran en su composición, pero también el conjunto de las diversas dimensiones con respecto a las cuales se define la individualidad de cada uno de aquellos que la viven y participan de ella. Lévi-Strauss, lo hemos visto, ha resumido notablemente este punto de vista al sugerir que el hecho social total es ante todo el hecho social totalmente percibido, es decir, el hecho social en cuya interpretación está integrada la visión que puede tener de él cualquiera de los nativos que lo vive. Solo que este ideal de interpretación exhaustiva, que podría descorazonar a cualquier novelista, por los esfuerzos múltiples de imaginación que le exigiría, se basa en una concepción muy particular del hombre «medio», definido también él como algo «total» porque, a diferencia de los representantes de la élite moderna, «es afectado en todo su ser por la menor de sus percepciones o por el menor *shock* mental».[1] El hombre «medio», para Mauss, es, en la sociedad moderna, cualquiera de las personas que no pertenecen a la élite. Pero el arcaísmo no conoce sino el término medio. El hombre «medio» es semejante a «casi todos los hombres de las sociedades arcaicas o atrasadas» en que presenta como ellos una vulnerabilidad y una permeabilidad al entorno inmediato que permiten precisamente definirlo como «total».

No es del todo evidente que, a los ojos de Mauss, la sociedad moderna constituya por eso un objeto etnológico dominable. Pues el objeto del etnólogo, para él, son las sociedades precisamente

---

1   M. Mauss, *Sociologie et anthropologie, op. cit.*, p. 306.

localizadas en el espacio y en el tiempo. En el terreno ideal del etnólogo (el de las sociedades «arcaicas o atrasadas»), todos los hombres son «medios» (podríamos decir «representativos»); por lo tanto, allí la localización en el tiempo y en el espacio es fácil de efectuar: vale para todos, y la división en clases, las migraciones, la urbanización, la industrialización no vienen a dividir las dimensiones y a enredar la lectura. Detrás de las ideas de totalidad y de sociedad localizada, existe la de una transparencia entre cultura, sociedad e individuo.

La idea de la cultura como texto, que es uno de los últimos avatares del culturalismo norteamericano, está ya presente toda entera en la de la sociedad localizada. Cuando, para ilustrar la necesidad de integrar en el análisis del hecho social total el de un «individuo cualquiera» de esa sociedad, Mauss cita «el melanesio de tal o cual isla», es ciertamente significativo que haya recurrido al artículo definido (este melanesio es un prototipo, como lo serán, en otro tiempo y bajo otros cielos, muchos sujetos étnicos promovidos a la ejemplaridad), pero también es significativo que una isla (una islita) sea propuesta ejemplarmente como el lugar por excelencia de la totalidad cultural. De una isla se pueden delinear o dibujar sin vacilación los contornos y las fronteras; de isla en isla, en el interior de un archipiélago, los circuitos de la navegación y del intercambio componen itinerarios fijos y reconocidos que delinean una clara frontera entre la zona de identidad relativa (de identidad reconocida y de relaciones instituidas) y el mundo exterior, el mundo de la extranjeridad absoluta. El ideal para el etnólogo deseoso de caracterizar las particularidades singulares sería que cada etnia fuera una isla, eventualmente ligada a otras pero diferente de cualquier otra, y que cada isleño fuera el homólogo exacto de su vecino.

Los límites de la visión culturalista de las sociedades, en tanto se considera sistemática, son evidentes: esencializar cada cultura singular es ignorar a la vez su carácter intrínsecamente problemático, del que dan testimonio, sin embargo, en cada momento sus reacciones ante las otras culturas o ante las sacudidas de la historia, y la complejidad de una trama social y de posiciones individuales que no se pueden nunca deducir del «texto» cultural. Pero no habría que ignorar la parte de realidad que subyace en la fantasía nativa y en la ilusión etnológica: la organización del espacio y la constitución de lugares son, en el interior de un mismo grupo social, una de las apuestas y una de las modalidades de las prácticas colectivas e individuales. Las colectividades (o aquellos que las dirigen), como los individuos que se incorporan a ellas, tienen necesidad simultáneamente de pensar la identidad y la relación y, para hacerlo, de simbolizar los constituyentes de la identidad compartida (por el conjunto de un grupo), de la identidad particular (de tal grupo o de tal individuo con respecto a los otros) y de la identidad singular (del individuo o del grupo de individuos en tanto no son semejantes a ningún otro). El tratamiento del espacio es uno de los medios de esta empresa y no es de extrañar que el etnólogo sienta la tentación de efectuar en sentido inverso el recorrido del espacio a lo social, como si este hubiera producido a aquel de una vez y para siempre. Este recorrido es «cultural» esencialmente puesto que, pasando por los signos más visibles, más establecidos y más reconocidos del orden social, delinea simultáneamente el lugar, por eso mismo definido como lugar común.

Reservaremos el término «lugar antropológico» para esta construcción concreta y simbólica del espacio que no podría por sí sola dar cuenta de las vicisitudes y de las contradicciones de la vida social pero a la cual se refieren todos aquellos a quienes ella les asigna un lugar, por modesto o humilde que sea. Justamente porque toda antropología es antropología de la antropología de los otros, en otros términos, que el lugar, el lugar antropológico, es al mismo tiempo principio de sentido para aquellos que lo habitan y principio de inteligibilidad para aquel que lo observa. El lugar antropológico es de escala variable. La casa cabilia, con su costado sombreado y su costado luminoso, su parte masculina y su parte femenina; la casa mina o *ewe* con su *legba* del interior que protege al durmiente de sus propias pulsiones y el *legba* del umbral que lo protege de las agresiones exteriores; las organizaciones dualistas, a menudo traducidas en el suelo por una frontera muy material y muy visible, y que rigen directa o indirectamente la alianza, los intercambios, los juegos, la religión; los pueblos ebrié o atyé, cuya tripartición ordena la vida de los linajes y de los grupos etarios: todos son lugares cuyo análisis tiene sentido porque fueron cargados de sentido, y cada nuevo recorrido, cada reiteración ritual refuerza y confirma su necesidad.

Estos lugares tienen por lo menos tres rasgos comunes. Se consideran (o los consideran) identificatorios, relacionales e históricos. El plano de la casa, las reglas de residencia, los barrios del pueblo, los altares, las plazas públicas, la delimitación del terruño corresponden para cada uno a un conjunto de posibilidades, de prescripciones y de prohibiciones cuyo contenido es a la vez espacial y social. Nacer es nacer en un lugar, tener destinado un sitio de residencia. En este sentido el lugar de nacimiento es constitutivo de la identidad individual, y ocurre en África que al niño nacido por accidente fuera del pueblo se le asigna un nombre particular relacionado con un elemento del paisaje que lo vio nacer. El lugar de nacimiento obedece a la ley de lo «propio» (y del nombre propio) del que habla Michel de Certeau. Louis Marin, por su parte, toma de Furetiére su definición aristotélica del lugar («Superficie primera e inmóvil de un cuerpo que rodea a otro o, para decirlo más claramente, el espacio en el cual un cuerpo es colocado»)[2] y cita el ejemplo que él da: «Cada cuerpo ocupa su lugar». Pero esta ocupación singular y exclusiva es más la del cadáver en su tumba que la del cuerpo

2   L. Marin, «Le lieu du pouvoir à Versailles», en *La production des lieux exemplaires. Les dossiers des séminaires,* TTS, p. 89.

naciente o vivo. En el orden del nacimiento y de la vida, el lugar propio, al igual que la individualidad absoluta, es más difícil de definir y de pensar. Michel de Certeau ve en el lugar, sea el que sea, el orden «según el cual los elementos son distribuidos en sus relaciones de coexistencia» y, aunque descarta que dos cosas ocupen el mismo «lugar», admite que cada elemento del lugar esté al lado de los otros, en un «sitio» propio; define el «lugar» como una «configuración instantánea de posiciones»,[3] lo que equivale a decir que en un mismo lugar pueden coexistir elementos distintos y singulares, ciertamente, pero de los cuales nada impide pensar ni las relaciones ni la identidad compartida que les confiere la ocupación del lugar común. Así, las reglas de la residencia que asignan al niño su lugar (junto a su madre, generalmente, pero, al mismo tiempo, en casa de su padre, de su tío materno o de su abuela materna) lo sitúan en una configuración de conjunto de la cual él comparte con otros la inscripción en el suelo.

El lugar, por fin, es necesariamente histórico desde el momento en que, conjugando identidad y relación, se define por una estabilidad mínima. Por eso aquellos que viven en él pueden reconocer allí señales que no serán objetos de conocimiento. El lugar antropológico, para ellos, es histórico en la exacta medida en que escapa a la

3   M. de Certeau, *L'invention du quotidien. 1. Arts de faire,* París, Gallimard, 1990, p. 173 (trad. cast.: *La invencion de lo cotidiano. 1 Artes de hacer,* Ciudad de México, Universidad Iberoamericana, 2000).

historia como ciencia. Este lugar que han construido los antepasados («Más me gusta la morada que han construido mis abuelos…»), que los muertos recientes pueblan de signos que es necesario saber conjurar o interpretar, cuyas potencias tutelares un preciso calendario ritual despierta y reactiva a intervalos regulares, está en las antípodas de los «lugares de la memoria» que Pierre Nora describe tan precisamente que en ellos podemos captar esencialmente nuestra diferencia, la imagen de lo que ya no somos. El habitante del lugar antropológico vive en la historia, no hace historia. La diferencia entre estas dos relaciones con la historia es sin duda todavía muy perceptible, por ejemplo, para los franceses de mi edad que han vivido en la década de 1940 y han podido asistir en su pueblo (aunque este no fuese más que un lugar de vacaciones) a la Fiesta de Dios, a los Ruegos o a la celebración anual de tal o cual santo patrón del terruño ordinariamente colocado en un nicho a la sombra de una capilla aislada: pues, si bien estos recorridos y estos recursos han desaparecido, su recuerdo no nos habla simplemente, como otros recuerdos de infancia, del tiempo que pasa o del individuo que cambia; efectivamente desaparecieron, o mejor dicho se han transformado. Todavía se celebra la fiesta de tanto en tanto, para hacer como antes, como se resucita la trilla a la antigua cada verano; la capilla fue restaurada y se da allí a veces un concierto o un espectáculo. Esta puesta en escena no deja de producir algunas sonrisas perplejas o algunos comentarios retrospectivos en algunos viejos habitantes de la región: proyecta a distancia los lugares en los que ellos creían haber vivido día a día, mientras que se los invita hoy a mirarlos como un pedazo de historia. Espectadores de sí mismos, turistas de lo íntimo, no podrían imputar a la nostalgia o a las fantasías de la memoria los cambios de los que da testimonio objetivamente el espacio en el cual continúan viviendo y que no es más el espacio en el que vivían.

Por supuesto, el estatuto intelectual del lugar antropológico es ambiguo. No es sino la idea, parcialmente materializada, que se hacen aquellos que lo habitan de su relación con el territorio, con sus semejantes y con los otros. Esta idea puede ser parcial o mitificada. Varía según el lugar que cada uno ocupa y según su punto de vista. Sin embargo, propone e impone una serie de puntos de referencia que no son sin duda los de la armonía salvaje o del paraíso perdido, pero cuya ausencia, cuando desaparecen, no se colma fácilmente. Si el etnólogo, por su·lado, se sensibiliza tan fácilmente ante todo lo que significa la clausura en el proyecto de aquellos que observa, tal como se inscribe en el suelo, el sabio controla la inmanencia de lo divino en lo humano, la relación con el exterior, la proximidad del sentido y la necesidad del signo, porque lleva en sí la imagen y la necesidad.

Si nos detenemos un instante en la definición de lugar antropológico, comprobaremos que es ante todo algo geométrico. Se lo puede establecer a partir de tres formas espaciales simples que pueden aplicarse a dispositivos institucionales diferentes y que constituyen de alguna manera las formas elementales del espacio social. En términos geométricos, se trata de la línea, de la intersección de líneas y del punto de intersección. Concretamente, en la geografía que nos es cotidianamente más familiar, se podría hablar, por una parte, de itinerarios, de ejes o de caminos que conducen de un lugar a otro y han sido trazados por los hombres; por otra parte, de encrucijadas y de lugares donde los hombres se cruzan, se encuentran y se reúnen, que fueron diseñados a veces con enormes proporciones para satisfacer, especialmente en los mercados, las necesidades del intercambio económico y, por fin, centros más o menos monumentales, sean religiosos o políticos, construidos por ciertos hombres y que definen a su vez un espacio y fronteras más allá de las cuales otros hombres se definen como otros con respecto a otros centros y otros espacios. Itinerarios, encrucijadas y centros no son, por lo tanto, nociones absolutamente independientes. Se superponen parcialmente. Un itinerario puede pasar por diferentes puntos notables que constituyen otros tantos lugares de reunión: algunos mercados constituyen puntos fijos en un itinerario que ellos balizan; si el mercado es en sí mismo un centro de atracción, el lugar donde se encuentra puede albergar un monumento (el altar de un dios, el palacio de un soberano) que configura el centro de otro espacio social. A la combinación de los espacios corresponde una cierta complejidad institucional: los grandes mercados apelan a ciertas formas de control político; no existen sino en virtud de un contrato cuyo respeto es asegurado por diversos procedimientos religiosos y jurídicos: son los lugares de tregua, por ejemplo. En cuanto a los itinerarios, pasan por un cierto número de fronteras y de límites cuyo funcionamiento no es evidente de por sí y que implican, por ejemplo, ciertas prestaciones económicas o rituales.

Estas formas simples no caracterizan los grandes espacios políticos o económicos, sino que definen al mismo tiempo el espacio aldeano y el doméstico. Jean-Pierre Vernant muestra bien, en su libro *Mythe et pensée chez les Grecs,* cómo, en la pareja Hestia/Hermes, la primera simboliza el hogar circular situado en el centro de la casa, el espacio cerrado del grupo replegado sobre sí mismo, y de alguna manera la relación consigo misma, mientras que Hermes, dios del umbral y de la puerta, pero también de las encrucijadas y de las entradas de las ciudades, representa el movimiento y la relación con los demás. La identidad y la relación constituyen el núcleo de todos los dispositivos espaciales estudiados clásicamente por la antropología.

La historia también. Pues todas las relaciones inscritas en el espacio se inscriben también en la duración, y las formas espaciales simples que acabamos de mencionar no se concretan sino en y por el tiempo. Ante todo, su realidad es histórica: en África, como a menudo en otras partes, los relatos de fundación de pueblos o de reinos refieren generalmente todo un itinerario, puntuado por altos diversos previos al establecimiento definitivo. Sabemos asimismo que los mercados, al igual que las capitales políticas, tienen una historia; algunos se crean mientras que otros desaparecen. La adquisición o la creación de un dios pueden estar fechadas y hay cultos y santuarios como hay mercados y capitales políticas: ya sea que perduren, se extiendan o desaparezcan, el espacio de su crecimiento o de su desaparición es un espacio histórico.

Pero habría que decir unas palabras sobre la dimensión materialmente temporal de estos espacios. Los itinerarios se miden en horas o en jornadas de marcha. El lugar del mercado no merece este título sino ciertos días. En África occidental se distinguen fácilmente zonas de intercambio en cuyo interior se establece durante toda la semana una rotación de los lugares y de los días de mercado. Los lugares consagrados a los cultos y a las asambleas políticas o religiosas no son más que por momentos, en general en fechas fijas, el objeto de tal consagración. Las ceremonias de iniciación y los rituales de fecundidad tienen lugar a intervalos regulares: el calendario religioso o social se modela normalmente sobre el calendario agrícola, y la sacralidad de los lugares donde se concentra la actividad ritual es una sacralidad que se podría llamar «alternativa». Así, por otra parte, se crean las condiciones de una memoria que se vincula con ciertos lugares y contribuye a reforzar su carácter sagrado. Para Durkheim, en *Las formas elementales de la vida religiosa,* la noción de sagrado está ligada al carácter retrospectivo que resulta del carácter alternativo de la fiesta o de la ceremonia. Si la Pascua judía o una reunión de antiguos combatientes le parecen igualmente «religiosas» o sagradas, es porque son la ocasión para que cada uno de los participantes no solamente tome conciencia de la colectividad de la cual forma parte sino también rememore las celebraciones precedentes.

El monumento, como lo indica la etimología latina de la palabra, se considera la expresión tangible de la permanencia o, por lo menos, de la duración. Son necesarios altares para los dioses, palacios y tronos para los soberanos para que no sean avasallados por las contingencias temporales. Así permiten pensar la continuidad de las generaciones. Esto lo expresa bien, a su manera, una de las interpretaciones de la nosología africana tradicional que considera que una enfermedad puede ser atribuida a la acción de un dios enojado al ver su altar descuidado por el sucesor de aquel que lo había edificado. Sin ilusión monumental, a los ojos de los vivos la historia no sería sino una abstracción. La especie social está poblada de monumentos no directamente funcionales, imponentes construcciones de piedra o modestos altares de barro, ante los que cada individuo puede tener la sensación justificada de que en su mayor parte lo han preexistido y le sobrevivirán. Curiosamente, una serie de rupturas y de discontinuidades en el espacio es lo que representa la continuidad temporal.

Sin duda se puede atribuir este efecto mágico de la construcción espacial al hecho de que el cuerpo humano mismo es concebido como una porción de espacio, con sus fronteras, sus centros vitales, sus defensas y sus debilidades, su coraza y sus defectos. Al menos en el plano de la imaginación (pero que se confunde en numerosas culturas con el de la simbólica social), el cuerpo es un espacio compuesto y jerarquizado que puede recibir una carga desde el exterior. Tenemos ejemplos de territorios pensados a imagen del cuerpo humano, pero, a la inversa, también el cuerpo humano se piensa como un territorio, en forma bastante generalizada. En África occidental, por ejemplo, los componentes de la personalidad se conciben en términos de una tópica que puede recordar a la tópica freudiana, pero que se aplica a realidades concebidas como sustancialmente materiales. Así, en las civilizaciones akan (en las actuales Ghana y Costa de Marfil), dos «instancias» definen el psiquismo de cada individuo. Del carácter material de su existencia da testimonio directo el hecho de que una de ellas es asimilada a la sombra, y testimonio indirecto, el hecho de que el debilitamiento del cuerpo es atribuido al debilitamiento o a la partida de una de ellas. Su perfecta coincidencia define la salud. Si despertar a alguien bruscamente puede matarlo, es que una de esas instancias, el doble que vagabundea por la noche, tal vez no haya tenido tiempo de volver a ese cuerpo en el momento de su despertar.

Los órganos internos mismos o ciertas partes del cuerpo (los riñones, la cabeza, el dedo gordo del pie) son a menudo concebidos como autónomos, sede a veces de una presencia ancestral, y en este carácter, objeto de cultos específicos. El cuerpo se vuelve así un conjunto de lugares de culto; se distinguen en él zonas que son objeto de unciones o lustraciones. Entonces sobre el cuerpo humano se desarrollarán los efectos de los que hablábamos a propósito de la construcción del espacio. Los itinerarios del sueño son peligrosos desde el momento en que se alejan demasiado del cuerpo concebido como centro. Este cuerpo centrado es también el lugar donde se encuentran y se juntan elementos ancestrales, y esta reunión tiene valor monumental en la medida en que concierne a elementos que han preexistido y que sobrevivirán a la envoltura carnal efímera. A veces la momificación del cuerpo o la edificación de una tumba logran, después de la muerte, la transformación del cuerpo en monumento.

Entonces se ve cómo, a partir de formas espaciales simples, se cruzan y se combinan la temática individual y la temática colectiva. La simbólica política desarrolla estas posibilidades para expresar el poder de la autoridad que unifica y simboliza en la unidad de una figura soberana las diversidades internas de una colectividad social. A veces lo logra, al distinguir el cuerpo del rey de los otros cuerpos como si fuera un cuerpo múltiple. El tema del doble cuerpo del rey es absolutamente pertinente en África. Así, el soberano agni de Sanwi, en la actual Costa de Marfil, tenía un doble de sí mismo, que era un esclavo llamado Ekala, por el nombre de uno de los dos componentes o instancias que hemos mencionado antes: como era muy fuerte por tener dos cuerpos y dos *ekala* (el suyo y el de su doble), se consideraba que el soberano agni gozaba de una protección particularmente eficaz, ya que el cuerpo del doble esclavo constituía un obstáculo a toda agresión que apuntase a la persona del rey. Si no cumpliese ese rol, si el rey muriese, su *ekala* lo seguiría naturalmente a la muerte. Pero, más notables y mejor documentadas que la multiplicación del cuerpo real son la concentración y la condensación del espacio donde está localizada la autoridad soberana, y a ellas dirigiremos ahora nuestra atención. Muy frecuentemente, el soberano tiene asignado un lugar de residencia, condenado en otras palabras a una casi inmovilidad, a horas de exposición en la sede real, a ser presentado como un objeto a sus vasallos. Esta pasividad-masividad del cuerpo del soberano había asombrado a Frazer y, por su intermedio, a Durkheim, que comprobaba en ello un rasgo común a dinastías reales muy alejadas unas de otras en el tiempo y en el espacio, como las del México antiguo, el África del golfo de Benín o el Japón. En todos estos casos resulta particularmente destacable la posibilidad de que un objeto (trono, corona) u otro cuerpo humano pueda sustituir momentáneamente al cuerpo del soberano para asegurar la función de centro fijo del reino que lo condena a largas horas de inmovilidad mineral.

Esta inmovilidad, y la estrechez de los límites dentro de los cuales se sitúa la figura real, componen en un sentido absolutamente literal, un centro que refuerza la perennidad de la dinastía y que ordena y unifica la diversidad interna del cuerpo social. Destaquemos que la identificación del poder con el lugar en el cual se ejerce o con el monumento que alberga a sus representantes es la regla constante en el discurso político de los Estados modernos. La Casa Blanca y el Kremlin son, para quienes los nombran, a la vez lugares monumentales, hombres y estructuras de poder. Al cabo de sucesivas metonimias, nos acostumbramos a designar a un país por su capital y a esta por el nombre del edificio que ocupan sus gobernantes. El lenguaje político es naturalmente espacial (aunque solo sea cuando habla de *derecha* e *izquierda*), sin duda porque necesita pensar simultáneamente la unidad y la diversidad... y la centralidad es la expresión más aproximada, la más representable y la más material a la vez de este doble y contradictorio imperativo intelectual.

Las nociones de itinerario, de intersección, de centro y de monumento no son simplemente útiles para la descripción de los lugares antropológicos tradicionales. Dan cuenta parcialmente también del espacio francés contemporáneo, en especial de su espacio urbano. Paradójicamente, permiten incluso caracterizarlo como un espacio específico mientras que, por definición, dichas nociones constituyen otros tantos criterios de comparación.

Es habitual decir que Francia es un país centralizado, y es cierto que lo es en el plano político, por lo menos desde el siglo XVII. A pesar de los recientes esfuerzos de regionalización, sigue siendo un país centralizado en el plano administrativo (el ideal de la Revolución Francesa había sido, inicialmente, llevar a cabo la delimitación de las circunscripciones administrativas según un modelo pura y rígidamente geométrico). Y lo sigue siendo en el espíritu de los franceses, notablemente en la organización de sus redes caminera y ferroviaria, concebidas ambas, al menos en un principio, como dos telarañas en medio de las cuales París ocuparía el centro.

Para ser más exactos, no hay una ciudad en el mundo que sea concebida tanto como una capital como lo es París, al igual que no hay ninguna ciudad francesa que no aspire a ser el centro de una región de dimensiones variables y que no haya logrado, al cabo de los años y de los siglos, constituirse en un centro monumental (lo que llamamos el «centro de la ciudad») que simboliza y materializa a la vez esta aspiración. Las ciudades francesas más modestas, e incluso los pueblos, incluyen siempre un «centro de la ciudad» donde están agrupados, uno al lado del otro, los monumentos que simbolizan la autoridad religiosa (la iglesia) y la autoridad civil (el ayuntamiento, la subprefectura o la prefectura en las ciudades importantes). La iglesia (católica en la mayoría de las regiones francesas) está situada en una plaza por donde pasan frecuentemente los itinerarios que permiten atravesar la ciudad. El ayuntamiento nunca está lejos, aun en el caso de que tenga delimitado un espacio propio y haya una plaza del Ayuntamiento al lado de la plaza de la Iglesia. En el centro de la ciudad igualmente, y siempre en las proximidades de la iglesia y del ayuntamiento, se ha erigido un monumento a los muertos. De concepción laica, no es verdaderamente un lugar de culto, sino un monumento de valor histórico (un homenaje a aquellos que han muerto en las dos últimas guerras mundiales y cuyos nombres están grabados en piedra): en ciertas fiestas conmemorativas, especialmente el 11 de noviembre, las autoridades civiles y eventualmente militares conmemoran allí el sacrificio de aquellos que han caído por la patria. Como suele decirse, son «ceremonias recordatorias» que corresponden bien a la definición amplia, es decir, social, que propone Durkheim del hecho religioso. Sin duda logran una eficacia particular por situarse en un lugar donde, más antiguamente, se expresaba de modo más cotidiano la intimidad de los vivos y de los muertos: en ciertas ciudades se encuentra todavía la huella de una disposición que se remonta a la época medieval, en la que el cementerio rodeaba a la iglesia, en pleno centro de la vida social activa.

En efecto, el centro de la ciudad es un lugar activo. En la concepción tradicional de las ciudades de provincia y de los pueblos (a la que autores como Giradoux o Jules Romains dieron existencia literaria durante la primera mitad del siglo xx), en las ciudades y los pueblos tal como se presentaban bajo la Tercera República y se presentan aún hoy en gran parte, en el centro de la ciudad es donde se agrupan cierta cantidad de cafés, hoteles y comercios, no lejos de la plaza donde está el mercado, cuando la plaza de la iglesia y la del mercado no se confunden. A intervalos semanales regulares (el domingo es el día de mercado), el centro «se anima». Uno de los reproches que se le hacen con frecuencia a las ciudades nuevas, surgidas de proyectos de urbanización a la vez tecnicistas y voluntaristas, es el de no ofrecer el equivalente de esos lugares animados producidos por una historia más antigua y más lenta, donde los itinerarios individuales se cruzan y se mezclan, donde se intercambian palabras y se olvida por un instante la soledad: el atrio de la iglesia, la puerta del ayuntamiento, el mostrador del café, la puerta de la panadería. El ritmo un poco perezoso y la atmósfera de charlatanería del domingo por la mañana siguen siendo una realidad contemporánea de la Francia provinciana.

Esta Francia podría definirse como un conjunto, un racimo de centros de mayor o menor importancia que polarizan la actividad administrativa, festiva y comercial de una región de amplitud variable. La organización de los itinerarios, es decir, el sistema vial que liga estos centros entre sí mediante una red, a decir verdad muy apretada, de rutas nacionales (que unen centros de importancia nacional) y de rutas departamentales (que unen centros de importancia departamental) da buena cuenta de este dispositivo policéntrico y jerarquizado: hasta hace poco en los mojones donde se señalan los kilómetros que jalonan regularmente la ruta, se hacía mención de la distancia del conglomerado urbano más próximo y de la de la primera ciudad importante que se atravesaba. Hoy estas indicaciones figuran en grandes carteles bien legibles, lo cual responde a la intensificación y a la aceleración del tránsito.

En Francia todo conglomerado urbano aspira a ser el centro de un espacio significativo y de, por lo menos, una actividad específica. Si Lyon, que es una metrópoli, entre otros títulos reivindica el de «capital de la gastronomía», una ciudad pequeña como Thiers puede decirse «capital de la cuchillería», un pueblo grande como Digouin, «capital de la cerámica» y una gran aldea como Janzé, «cuna del pollo de granja». Estos gloriosos títulos figuran hoy a la entrada de las ciudades, junto a las indicaciones que mencionan su carácter gemelo con otras ciudades o pueblos de Europa. Estas indicaciones, que proveen de alguna manera una prueba de modernidad y de integración al nuevo espacio económico europeo, coexisten con otras (y otros anuncios informativos) que dan un estado detallado de las curiosidades históricas del lugar: capillas del siglo XIV o del siglo XV, castillos, megalitos, museos de artesanías, de la puntilla o de la cerámica. Se reivindica la profundidad histórica con el mismo carácter que la apertura hacia el exterior, como si aquella equilibrase a esta. Toda ciudad, todo pueblo que no sea de creación reciente, reivindica su historia, la presenta al automovilista en una serie de anuncios que constituyen una especie de tarjeta de visita. Esta explicitación del contexto histórico es bastante reciente en realidad, y coincide con una reorganización del espacio (la creación de desvíos periurbanos y de grandes ejes de autopistas fuera de los conglomerados urbanos) que tiende, inversamente, a producir un cortocircuito en ese contexto, evitando los monumentos que dan testimonio de él. Se puede interpretar muy legítimamente que tienden a seducir y a retener al pasajero, al turista, pero no se le puede atribuir precisamente alguna eficacia en este sentido salvo poniéndolo en relación con el gusto de la historia y de las identidades enraizadas en el terruño que marca incontestablemente la sensibilidad francesa de estos últimos veinte años. El monumento fechado es reivindicado como una prueba de autenticidad que debe de por sí suscitar el interés: se ahonda la distancia entre el presente del paisaje y el pasado al que alude. La alusión al pasado complejiza el presente.

Es necesario agregar que siempre se le impuso al espacio urbano y pueblerino francés una dimensión histórica mínima mediante el uso de los nombres de calles. Calles y plazas fueron antiguamente la ocasión de conmemoraciones. Por cierto, era tradicional que algunos monumentos otorgaran nombre a las calles que conducen a ellos o a las plazas en las que se los ha erigido, con un efecto redundante que, por otra parte, no deja de tener su encanto. Pero ya no tenemos las calles de la

Estación, del Teatro o las plazas del Ayuntamiento. A menudo son los personajes notables de la vida local o nacional, o también los grandes acontecimientos de la historia nacional, los que dan su nombre a las arterias de ciudades y pueblos, de suerte que, si fuera necesario hacer la exégesis de todos los nombres de calles de una metrópoli como París, habría que reescribir toda la historia de Francia, desde Vercingétorix hasta De Gaulle. Quien usa el metro regularmente y se familiariza con el subsuelo parisino y los nombres de las estaciones que aluden a las calles o a los monumentos de la superficie participa de esta inmersión cotidiana y maquinal en la historia que caracteriza al peatón de París, para quien Alésia, Bastille o Solférino son referencias espaciales tanto o más que históricas.

Así, los caminos y las intersecciones de carreteras en Francia tienden a volverse «monumentos» (en el sentido de testimonios y recuerdos) en la medida en que su nombre de bautismo los sumerge en la historia. Esta incesante referencia a la historia entraña superposiciones frecuentes entre las nociones de itinerarios, encrucijadas y monumentos, que son particularmente visibles en las ciudades (sobre todo en París) donde la referencia histórica siempre es más masiva. No existe un único centro de París. A veces se lo representa en los carteles de las autopistas con el dibujo de la torre Eiffel, a veces con la mención «París-Notre Dame», que hace alusión al corazón original e histórico de la capital, la Île de la Cité, encerrada por los brazos del Sena a varios kilómetros de la torre Eiffel. Por lo tanto, hay varios centros de París. En el plano administrativo, es preciso advertir una ambigüedad que siempre ha constituido un problema en la vida política francesa (lo que señala bien su grado de centralismo): París es a la vez una ciudad, dividida en veinte distritos, y la capital de Francia. Los parisinos pudieron creer en varias ocasiones que ellos hacían la historia de Francia, convicción arraigada en el recuerdo de 1789 y que entraña a veces una tensión entre el poder nacional y el poder municipal. Desde 1795 hasta hace no mucho, no hubo alcalde de París, con una breve excepción durante la revolución de 1848, sino solo la división de la capital en veinte distritos y veinte municipalidades bajo la tutela conjunta del prefecto del Sena y del prefecto de policía. El Consejo municipal data solo de 1834. Hace algunos años, cuando se reformó el estatuto de la capital y Jacques Chirac se convirtió en alcalde de París, una parte del debate político giraba en torno a la cuestión de saber si ese puesto lo ayudaría a convertirse en presidente de la República. Nadie pensó verdaderamente que la administración de una ciudad, aunque vivan en ella uno de cada seis franceses, pudiese ser un fin en sí mismo. La existencia de tres palacios parisinos (el Elíseo, Matignon y l'Hôtel de Ville), con destinos distintos, es cierto, pero entre los cuales es muy difícil hacer una distinción, y a lo cual es necesario agregar por lo menos dos monumentos de importancia equivalente, el palacio del Luxemburgo (o sede del Senado) y la Asamblea nacional (donde sesionan los diputados), muestra suficientemente que la metáfora geográfica da cuenta de nuestra vida política con tanta mayor facilidad cuanto que esta se considera centralizada y, a pesar de la distinción de los poderes y de las funciones, aspira siempre a definir o a reconocer un centro del centro, de donde todo partiría y adonde todo volvería. No se trata evidentemente de una simple metáfora cuando nos interrogamos en determinado momento para saber si el centro del poder se desplaza del Elíseo a Matignon, o aun de Matignon al Palais-Royal (la sede del Consejo constitucional): y podemos preguntarnos si el carácter siempre tenso y agitado de la vida democrática francesa no depende, por una parte, de la tensión entre un ideal político de pluralidad, democracia y equilibrio, sobre el cual todo el mundo está en teoría de acuerdo, y un modelo intelectual, geográfico-político, de gobierno, históricamente heredado, poco compatible con ese ideal y que incita sin cesar a los franceses a repensar los fundamentos y a redefinir el centro.

En el plano geográfico, y para aquellos parisinos que todavía tienen tiempo de vagabundear, y que no son los más numerosos, el centro de París podría ser un itinerario, el del curso del Sena por el que van y vienen los *bateaux mouches,* y desde donde pueden percibirse la mayor parte de los monumentos históricos y políticos de la capital. Pero hay otros centros que se identifican de todos modos con plazas, encrucijadas donde se han emplazado monumentos (la Opéra, la Madeleine), o con las otras arterias que conducen a ellos (avenida de Opéra, calle de la Paix, Champs-Élysées), como si, en la capital de Francia, todo tuviese que convertirse finalmente en centro y monumento. En este momento parecería que así es, en efecto, a pesar de que se esfuman los rasgos específicos de los diferentes distritos. Sabemos que cada uno de ellos tenía un rasgo característico: los clichés de las canciones que celebran a París no dejan de tener su fundamento, y seguramente todavía hoy podríamos hacer una descripción muy ajustada de los distritos, de sus actividades, de su «personalidad» en el sentido en que los antropólogos norteamericanos utilizaron este término, pero también de sus transformaciones y de los movimientos de población que modifican su composición étnica o social. Las novelas policiales de Léo Malet, a menudo situadas en los distritos xiv y xv, despiertan la nostalgia de la década de 1950 pero no son en absoluto inactuales.

Pero es un hecho: se habita cada vez menos en París, aunque se trabaja allí siempre mucho, y este movimiento parece el signo de una mutación más general en este país. La relación con la historia que puebla nuestros paisajes está quizá por estetizarse y, al mismo tiempo, por desocializarse y volverse artificiosa. Por cierto, conmemoramos con el mismo sentimiento a Hugo Capeto y a la Revolución de 1789; siempre somos capaces de enfrentarnos duramente, a partir de una relación diferente, con nuestro pasado común y con interpretaciones contrarias de los acontecimientos que lo marcaron. Pero, desde Malraux, nuestras ciudades se transforman en museos (monumentos devastados, expuestos, iluminados, sectores reservados y calles peatonales), a pesar de que nos apartan de ellos una serie de desvíos, autopistas, trenes de alta velocidad o vías rápidas.

Estos desvíos, sin embargo, no se producen sin remordimientos, como lo atestiguan las numerosas indicaciones que nos invitan a no ignorar los esplendores del terruño y las huellas de la historia. Contraste: a la entrada de las ciudades, en el espacio triste de los grandes complejos, de las zonas industrializadas y de los supermercados, están plantados los anuncios que nos invitan a visitar los monumentos antiguos. A lo largo de las autopistas se multiplican las referencias a las curiosidades locales que deberían retenernos aun cuando estamos de paso, como si la alusión al tiempo y a los lugares antiguos no fuese hoy sino una manera de mentar el espacio presente.

De los lugares a los no lugares

Presencia del pasado en el presente que lo desborda y lo reivindica: en esta conciliación ve Jean Starobinski la esencia de la modernidad. En este sentido hace notar, en un artículo reciente, que autores eminentemente representativos de la modernidad en el arte se han dado «la posibilidad de una polifonía en la que el entrecruzamiento virtualmente infinito de los destinos, los actos, los pensamientos, las reminiscencias puede reposar sobre un bajo continuo que emita las horas del día terrestre y que marque el lugar que en ella ocupaba (que podría aún ocupar) el antiguo ritual». Cita las primeras páginas del *Ulises* de Joyce, en las que se hacen oír las palabras de la liturgia: *«Introibo ad altare Deir»*; el comienzo de *En busca del tiempo perdido,* donde la ronda de las horas en torno al campanario de Combray ordena el ritmo «de una vasta y única jornada burguesa...»; también *Histoire,* de Claude Simon, en el que «los recuerdos de la escuela religiosa, la plegaria latina de la mañana, el *benedicite* del mediodía, el *angelus* de la tarde fijan puntos de referencia en medio de las vistas, los planos recortados, las citas de todo orden, que provienen de todas las etapas de la existencia, del imaginario y del pasado histórico, y que proliferan en un aparente desorden, en torno de un secreto central...». Estas «figuras premodernas de la temporalidad continua que el escritor moderno cree mostrar que no las ha olvidado en el momento mismo en que se libera de ellas» son también figuras espaciales específicas de un mundo que Jacques Le Goff mostró cómo, desde la Edad Media, se había construido alrededor de su iglesia y de su campanario, mediante la conciliación de un paisaje nuevamente centrado y de un tiempo reordenado. El artículo de Starobinski se abre significativamente con una cita de Baudelaire y del primer poema de los *Tableaux parisiens,* donde el espectáculo de la modernidad reúne en un mismo vuelo:

el taller que canta y que charla;
las chimeneas, los campanarios, esos mástiles de la
ciudad,
Y los grandes cielos que hacen soñar con la
eternidad.

«Bajo continuo» *(marche de basse)*: la expresión utilizada por Starobinski para evocar los lugares y los ritmos antiguos es significativa: la modernidad no los borra sino que los pone en segundo plano. Son como indicadores del tiempo que pasa y que sobrevive. Perduran como las palabras que los expresan y los expresarán aún. La modernidad en arte preserva todas las temporalidades del lugar, tal como se fijan en el espacio y la palabra.

Detrás de la ronda de las horas y los puntos salientes del paisaje se encuentran, en efecto, palabras y lenguajes: palabras especializadas de la liturgia, del «antiguo ritual», en contraste con las del taller «que canta y que charla»; palabras también de todos aquellos que, hablando el mismo lenguaje, reconocen que pertenecen al mismo mundo. El lugar se cumple por la palabra, el intercambio alusivo de algunas palabras de pasada, en la connivencia y la intimidad cómplice de los hablantes. Vincent Descombes escribe, así, a propósito de la Françoise de Proust, que esta comparte y define un territorio «retórico» con todos aquellos que son capaces de entrar en sus razones, con todos aquellos cuyos aforismos, vocabulario y tipos de argumentación componen una «cosmología», a la que el narrador de la *Recherche* llama la «filosofía de Combray».

Si un lugar puede definirse como lugar de identidad, relacional e histórico, un espacio que no puede definirse ni como espacio de identidad ni como relacional ni como histórico, definirá un no lugar. La hipótesis aquí defendida es que la sobremodernidad es productora de no lugares, es decir, de espacios que no son en sí lugares antropológicos y que, contrariamente a la modernidad baudeleriana, no integran los lugares antiguos: estos, catalogados, clasificados y promovidos a la categoría de «lugares de memoria», ocupan allí un lugar circunscrito y específico. Un mundo donde se nace en la clínica y se muere en el hospital, donde se multiplican, en modalidades lujosas o inhumanas, los puntos de tránsito y las ocupaciones provisionales (las cadenas de hoteles y las habitaciones ocupadas ilegalmente, los clubes de vacaciones, los campos de refugiados, las barracas miserables destinadas a desaparecer o a degradarse progresivamente), donde se desarrolla una apretada red de medios de transporte que son también espacios habitados, donde el habitué de los supermercados, los cajeros automáticos y las tarjetas de crédito renueva con los gestos del comercio «de oficio mudo» un mundo así prometido a la individualidad solitaria, a lo provisional y a lo efímero, al pasaje, propone al antropólogo y también a los demás un objeto nuevo cuyas dimensiones inéditas conviene medir antes de preguntarse desde qué punto de vista se lo puede juzgar. Agreguemos que, evidentemente, un no lugar existe igual que un lugar: no existe nunca bajo una forma pura; allí los lugares se recomponen, las relaciones se reconstituyen; las «astucias milenarias» de la invención de lo cotidiano y de las «artes del hacer», de las que Michel de Certeau ha propuesto análisis tan sutiles, pueden abrirse allí un camino y desplegar sus estrategias. El lugar y el no lugar son más bien polaridades falsas: el primero no queda nunca completamente borrado y el segundo no se cumple nunca totalmente: son palimpsestos donde se reinscribe sin cesar el juego intrincado de la identidad y de la relación. Pero los no lugares son la medida de la época, medida cuantificable y que se podría tomar adicionando, después de hacer algunas conversiones entre superficie, volumen y distancia, las vías aéreas, ferroviarias, las autopistas y los habitáculos móviles llamados «medios de transporte» (automóviles, aviones, trenes), los aeropuertos y las estaciones ferroviarias, las estaciones aeroespaciales, las grandes cadenas hoteleras, los parques de recreo, los supermercados, la madeja compleja, en fin, de las redes de cables o inalámbricas que movilizan el espacio extraterrestre a los fines de una comunicación tan extraña que a menudo no pone en contacto al individuo más que con otra imagen de sí mismo.

La distinción entre lugares y no lugares pasa por la oposición del lugar con el espacio. Ahora bien, Michel de Certeau propuso nociones de lugar y de espacio, un análisis que constituye aquí obligatoriamente una cuestión previa. De Certeau no opone los «lugares» a los «espacios» como los «lugares» a los «no lugares». El espacio, para él, es un «lugar practicado», «un cruce de elementos en movimiento»: los caminantes son los que transforman en espacio la calle geométricamente definida como lugar por el urbanismo. A este paralelo entre el lugar como conjunto de elementos que coexisten en un cierto orden y el espacio como animación de estos lugares por el desplazamiento de un elemento móvil le corresponden varias referencias que los mismos términos precisan. La primera referencia[1] es a Merleau Ponty, quien, en su *Fenomenología de la percepción,* distingue del espacio «geométrico» el «espacio antropológico» como espacio

---

[1]   M. de Certeau, *L'invention du quotidien, op. cit.,* p. 173.

«existencial», lugar de una experiencia de relación con el mundo de un ser esencialmente situado «en relación con un medio». La segunda referencia es a la palabra y al acto de locución: «El espacio sería al lugar lo que se vuelve la palabra cuando es hablada, es decir, cuando está atrapada en la ambigüedad de una ejecución, mudada en un término que implica múltiples convenciones, presentada como el acto de un presente (o de un tiempo) y modificada por las transformaciones debidas a vecindades sucesivas».[2] La tercera referencia deriva de la anterior y privilegia el relato como trabajo que, incesantemente, «transforma los lugares en espacios o los espacios en lugares».[3] Se deriva de ellos naturalmente una distinción entre «hacer» y «ver», localizable en el lenguaje ordinario que de vez en vez propone un cuadro («hay...») y organiza movimientos («tú entras, tú atraviesas, tú te das vuelta...»), o en los indicadores de los mapas: desde los mapas medievales, que presentan esencialmente el trazado de recorridos y de itinerarios, hasta los mapas más recientes de donde han desaparecido «las descripciones de recorridos» y que presentan, a partir de «elementos de origen dispar», un «estado» del saber geográfico. El relato, en fin, y especialmente el relato de viajes, se compone con la doble necesidad de «hacer» y de «ver», «las historias de marchas y las gestas están jalonadas por las citas de los lugares que

2 *Ibid.*
3 *Ibid.*, p. 174.

resultan de ellas o que las autorizan»[4] pero procede en definitiva de lo que de Certeau llama la «delincuencia» porque «atraviesa», «transgrede» y consagra «el privilegio del recorrido sobre el estado».[5]

En este punto son necesarias algunas precisiones terminológicas. El lugar, tal como se lo define aquí, no es en absoluto el lugar que de Certeau opone al espacio como la figura geométrica al movimiento, la palabra muda a la palabra hablada o el estado al recorrido: es el lugar del sentido inscrito y simbolizado, el lugar antropológico. Naturalmente, es necesario que este sentido sea puesto en práctica, que el lugar se anime y que los recorridos se efectúen, y nada prohíbe hablar de espacio para describir este movimiento. Pero no es ese nuestro propósito: nosotros incluimos en la noción de lugar antropológico la posibilidad de los recorridos que en él se efectúan, los discursos que allí se sostienen y el lenguaje que lo caracteriza. Y la noción de espacio, tal como es utilizada hoy (para hablar de la conquista espacial, en términos por lo demás más funcionales que líricos, o para designar de la mejor manera, o al menos lo menos mal posible, en el lenguaje reciente pero ya estereotipado de las instituciones de viaje, de la hotelería o del ocio, los lugares descalificados o poco calificables: «espacios de ocio», «espacios de juego», para aproximarlos a «punto de encuentro»), parece poder aplicarse útilmente, por

4   *Ibid.*, p. 177.
5   *Ibid.*, p. 190.

el hecho mismo de su falta de caracterización, a las superficies no simbolizadas del planeta.

Podríamos, por lo tanto, sentir la tentación de oponer el espacio simbolizado del lugar al espacio no simbolizado del no lugar. Pero eso sería atenernos a una definición negativa de los no lugares, que ha sido la nuestra hasta el presente, y que el análisis propuesto por Michel de Certeau de la noción de espacio nos ayuda a superar.

El término «espacio» en sí mismo es más abstracto que el de «lugar», y al usarlo nos referimos al menos a un acontecimiento (que ha tenido lugar), a un mito (lugar dicho) o a una historia (elevado lugar). Se aplica indiferentemente a una extensión, a una distancia entre dos cosas o dos puntos (se deja un «espacio» de dos metros entre cada poste de un cerco) o a una dimensión temporal («en el espacio de una semana»). Es pues algo eminentemente abstracto y es significativo que hoy se haga de él un uso sistemático, así como poco diferenciado, en la lengua corriente y en los lenguajes específicos de algunas instituciones representativas de nuestro tiempo. *Le Grand Larousse illustré* le reserva un lugar aparte a la expresión «espacio aéreo» que designa una parte de la atmósfera terrestre en la cual un Estado controla la circulación aérea (menos concreta que su homólogo del dominio marítimo: «las aguas territoriales»), pero cita también otros usos que testimonian la plasticidad del término. En la expresión «espacio jurisdiccional europeo» se advierte con claridad que está implicada la noción de frontera pero que, haciendo abstracción de esa noción, de lo que se trata es de todo un conjunto institucional y normativo poco localizable. La expresión «espacio publicitario» se aplica indiferentemente a una porción de superficie o de tiempo «destinada a recibir publicidad en los diferentes medios», y la expresión «compra de espacio» se aplica al conjunto de las operaciones efectuadas por una agencia de publicidad sobre un espacio publicitario. El auge del término «espacio», aplicado tanto a las salas de espectáculo o de encuentro («Espace Cardin» en París, «Espace Yves Rocher» en La Gacilly), a jardines («espacios verdes»), a los asientos de avión («Espace 2000») o a los automóviles (Renault «Espace») da testimonio a la vez de los motivos temáticos que pueblan la época contemporánea (la publicidad, la imagen, el ocio, la libertad, el desplazamiento) y de la abstracción que los corroe y los amenaza, como si los consumidores de espacio contemporáneo fuesen ante todo invitados a contentarse con palabras vanas.

Practicar el espacio, escribe Michel de Certeau, es «repetir la experiencia alegre y silenciosa de la infancia; es, en el lugar, ser otro y pasar al otro».[6] La experiencia alegre y silenciosa de la niñez es la del primer viaje, del nacimiento como experiencia primordial de la diferenciación, del reconocimiento de sí como uno mismo y como otro, que reiteran las de la marcha como primera práctica del

<hr>

6   M. de Certeau, *L'invention du quotidien, op. cit.,* p. 164.

espacio y la del espejo como primera identificación con la imagen de sí. Todo relato vuelve a la niñez. Al recurrir a la expresión «relatos de espacio», de Certeau quiere hablar a la vez de los relatos que «atraviesan y organizan» los lugares («Todo relato es un relato de viaje…») y del lugar que constituye la escritura del relato («la lectura es el espacio producido por la práctica del lugar que constituye un sistema de signos: un relato»).[7] Pero el libro se escribe antes de leerse; pasa por diferentes lugares antes de constituirse en uno de ellos: como el viaje, el relato que habla de él atraviesa varios lugares. Esta pluralidad de lugares, el exceso que ella impone a la mirada y a la descripción (¿cómo ver todo?, ¿cómo decir todo?) y el efecto de «desarraigo» que resulta de ello (se volverá a comenzar más tarde, por ejemplo, al comentar la foto que ha fijado el instante: «Fíjate, ves, allí, soy yo al pie del Partenón», pero en el instante sucedía que eso nos extrañaba: «¿qué es lo que he venido a hacer aquí?») introducen entre el viajero–espectador y el espacio del paisaje que él recorre o contempla una ruptura que le impide ver allí un lugar, reencontrarse en él plenamente, aun si trata de colmar ese vacío con las informaciones múltiples y detalladas que le proponen las guías turísticas… o los relatos de viajes.

Cuando Michel de Certeau habla de «no lugar» es para hacer alusión a una especie de cualidad negativa del lugar, de una ausencia de lugar en

7   *Ibid.*, p. 173.

sí mismo que le impone el nombre que se le da. Los nombres propios, nos dice, imponen al lugar «un mandato venido del otro (una historia…)». Y es cierto que aquel que, al trazar un itinerario enuncia en él los nombres, no conoce necesariamente gran cosa. Pero los nombres por sí solos, ¿bastan para producir en el lugar «esa erosión o no lugar que allí efectúa la ley del otro?».[8] Todo itinerario, precisa Michel de Certeau, es de alguna manera «desviado» por los nombres que le dan «sentidos (o direcciones) hasta allí imprevisibles». Y agrega: «Estos nombres crean no lugar en los lugares; los transmutan en pasajes».[9] Nosotros podríamos decir, inversamente, que el hecho de pasar da un estatuto particular a los nombres de lugar, que la falla producida por la ley del otro y donde la mirada se pierde, es el horizonte de todo viaje (suma de lugares, negación del lugar), y que el movimiento que «desplaza las líneas» y atraviesa los lugares es, por definición, creador de itinerarios, es decir, de palabras y de no lugares.

El espacio como práctica de los lugares y no del lugar procede en efecto de un doble desplazamiento: del viajero, seguramente, pero también, paralelamente, de paisajes de los cuales él no aprecia nunca sino vistas parciales, «instantáneas», sumadas y mezcladas en su memoria y, literalmente, recompuestas en el relato que hace de ellas o en el encadenamiento de las diapositivas que, a la vuelta,

8 *Ibid.*, p. 159.
9 *Ibid.*, p. 156.

comenta obligatoriamente en su entorno. El viaje. El viaje (aquel del cual el etnólogo desconfía hasta el punto de «odiarlo») construye una relación ficticia entre mirada y paisaje. Y, si se llama «espacio» la práctica de los lugares que define específicamente el viaje, es necesario agregar también que hay espacios donde el individuo se siente como espectador sin que la naturaleza del espectáculo le importe verdaderamente. Como si la posición de espectador constituyese lo esencial del espectáculo, como si, en definitiva, el espectador en posición de espectador fuese para sí mismo su propio espectáculo. Muchos folletos turísticos sugieren un desvío de ese tipo, una vuelta de la mirada como esa, al proponer por anticipado al aficionado a los viajes la imagen de rostros curiosos o contemplativos, solitarios o reunidos, que escrutan el infinito del océano, la cadena circular de montañas nevadas o la línea de fuga de un horizonte urbano erizado de rascacielos. Su imagen, en suma, su imagen anticipada, que no habla más que de él, pero lleva otro nombre (Tahití, el Alpe d'Huez, Nueva York). El espacio del viajero sería, así, el arquetipo del no lugar.

El movimiento agrega a la coexistencia de los mundos y a la experiencia combinada del lugar antropológico y de aquello que ya no es más él (por la cual Starobinski definió en esencia la modernidad) la experiencia particular de una forma de soledad y, en sentido literal, de una «toma de posición»: la experiencia de aquel que, ante el paisaje que se promete contemplar y que no puede no contemplar, «se pone en pose» y obtiene a partir de la conciencia de esa actitud un placer raro y a veces melancólico. No es sorprendente, pues, que sea entre los «viajeros» solitarios del siglo pasado, no los viajeros profesionales o los eruditos sino los viajeros de humor, de pretexto o de ocasión, donde encontremos la evocación profética de espacios donde ni la identidad ni la relación ni la historia tienen verdadero sentido, donde la soledad se experimenta como exceso o vaciamiento de la individualidad, donde solo el movimiento de las imágenes deja entrever borrosamente por momentos, a aquel que las mira desaparecer, la hipótesis de un pasado y la posibilidad de un porvenir.

Más aún que en Baudelaire, que se satisfacía con la invitación al viaje, pensamos aquí en Chateaubriand, que no deja de viajar efectivamente, y que sabe ver, pero ve sobre todo la muerte de las civilizaciones, la destrucción o la insipidez de los paisajes allí donde brillaban antes los vestigios decepcionantes de los monumentos hundidos. Desaparecida Lacedemonia, la Grecia en ruinas ocupada por un invasor ignorante de sus antiguos esplendores envía al viajero «de paso» la imagen simultánea de la historia perdida y de la vida que pasa, pero es el movimiento mismo del viaje lo que lo seduce y lo arrastra. Este movimiento no tiene otro fin que él mismo, si no es el de la escritura que fija y reitera su imagen.

Todo está dicho claramente desde el primer prefacio del *Itinerario de París a Jerusalén*. Chateaubriand niega allí haber hecho su viaje «para escribirlo», pero reconoce que quería buscar «imágenes» para *Los mártires*. No pretende ciencia: «No marcho en absoluto sobre las huellas de los Chardin, de los Tavernier, de los Chandler, de los Mungo Park, de los Humboldt».[10] De suerte que esta obra sin finalidad confesada responde al deseo contradictorio de no hablar sino de su autor sin decir nada a nadie: «Por lo demás, es al hombre, mucho más que al autor, a quien se verá por todas partes; hablo eternamente de mí, y hablaba con seguridad, puesto que no contaba de ningún modo con publicar mis *Memorias*».[11] Evidentemente, los puntos de observación privilegiados por el visitante, que el escritor describe, son aquellos desde los que se descubre una serie de puntos notables («el monte Himeto al este, el Pentélico al norte, el Parnesio al noroeste») pero la contemplación se acaba reveladoramente en el instante en que, volviendo sobre sí misma y tomándose ella misma en objeto, parece disolverse en la multitud incierta de las miradas pasadas y futuras: «Este cuadro del Ática, el espectáculo que yo contemplaba, había sido contemplado por ojos cerrados hace dos mil años. Pasaré a mi vez: otros hombres fugitivos como yo vendrán a hacer las mismas reflexiones sobre las mismas ruinas».[12] El punto de vista ideal, porque agrega a la distancia el efecto del

---

10   F.-R. de Chateaubriand, *Itinéraire de Paris à Jérusalem,* París, Julliard, 1964, p. 19 (trad. cast.: *De París a Jerusalén,* A Coruña, Ediciones del Viento, 2005).

11   *Ibid.*, p. 20.

12   *Ibid.*, p. 153.

movimiento, es el puente del navío que se aleja. La evocación de la tierra que desaparece basta para suscitar la del pasajero que todavía trata de percibirla: ya pronto no será más que una sombra, un rumor, un ruido. Esta abolición del lugar es también la culminación del viaje, la pose última del viajero: «A medida que nos alejábamos, las columnas de Sunio parecían más bellas por encima de las olas: se las percibía perfectamente sobre el azul del cielo a causa de su extrema blancura y de la serenidad de la noche. Estábamos ya bastante lejos del cabo, y todavía resonaba en nuestros oídos el hervidero de las olas al pie de la roca, del murmullo del viento en los enebros, y del canto de los grillos que son hoy los únicos habitantes de las ruinas del templo: fueron los últimos ruidos que oí en la tierra de Grecia».[13]

Diga lo que diga («Seré quizás el último francés salido de mi país para viajar a Tierra Santa, con las ideas, el objeto y los sentimientos de un antiguo peregrino»),[14] Chateaubriand no llevó a cabo un peregrinaje. El lugar elevado en el que finaliza el peregrinaje está por definición sobrecargado de sentido. El sentido que se viene aquí a buscar vale para hoy como valía ayer, para cada peregrino. El itinerario que conduce allí, jalonado de etapas y de puntos fuertes, compone con él un lugar «de sentido único», un «espacio» en el sentido en que Michel de Certeau emplea el término. Alphonse Dupront hace

13   *Ibid.*, p. 190.
14   *Ibid.*, p. 331.

notar que la travesía marítima misma tiene allí valor iniciático: «Así, en los caminos del peregrinaje, desde la travesía, se impone una discontinuidad y una especie de trivialización de heroicidad. Tierra y agua muy desigualmente ilustrantes y sobre todo, con los recorridos en el mar, una ruptura impuesta por el misterio del agua. Datos aparentes, detrás de los cuales se disimulaba, más profunda, una realidad que parece imponerse a la intuición de algunos hombres de Iglesia a comienzos del siglo XII, la del cumplimiento de un rito de pasaje, encaminándose por el mar».[15]

Con Chateaubriand, se trata de otra cosa muy distinta; el fin último de su viaje no es Jerusalén, sino España, donde va a reunirse con su amante (pero el *Itinerario* no es una confesión: Chateaubriand se calla y «guarda las apariencias»): sobre todo no lo inspiran los lugares santos. Se ha escrito ya mucho sobre ellos: «Aquí siento perplejidad. ¿Debía ofrecer la pintura exacta de los lugares santos? Pero entonces no puedo sino repetir lo que se ha dicho antes de mí: nunca un tema fue quizá menos conocido por los lectores modernos y, sin embargo, nunca un tema fue tan completamente agotado. ¿Debo omitir la descripción de estos lugares sagrados? Pero ¿no será eso quitar la parte más esencial de mi viaje y hacer desaparecer lo que es su fin y su objeto?».[16] Sin duda también, en tales

---

15   *Ibid.*, p. 31.
16   *Ibid.*, p. 308.

lugares, el cristiano que quiere ser no puede ce-
lebrar tan fácilmente, como delante de Ática o de
Lacedemonia, la desaparición de todas las cosas.
Entonces describe con aplicación, presume de eru-
dición, cita páginas enteras de viajeros o de poe-
tas como Milton o Torquato Tasso. Esquiva, y es
segura esta vez aquí la abundancia de palabras y
de documentos que permitirían definir los lugares
santos de Chateaubriand como un no lugar muy
próximo a aquellos que nuestros folletos y nuestras
guías ponen en imágenes y en fórmulas. Si volvemos un instante al análisis de la modernidad como
coexistencia querida de mundos diferentes (la modernidad baudeleriana), comprobamos que la experiencia del no lugar como remisión de sí a sí
mismo y puesta a distancia simultánea del espectador y del espectáculo no está aquí siempre ausente.
Starobinski, en su comentario del primer poema
de los *Tableaux parisiens,* insiste en que la coexistencia de dos mundos es lo que hace la ciudad moderna, chimeneas y campanarios confundidos, pero
sitúa también la posición particular del poeta que
quiere, en suma, ver las cosas desde lo alto y de lejos, y no pertenece ni al universo de la religión ni
al del trabajo. Esta posición corresponde al doble
aspecto de la modernidad: «La pérdida del sujeto
en la muchedumbre o, a la inversa, el poder absoluto, reivindicado por la conciencia individual».
    Pero se puede también señalar que la posición
del poeta que mira es en sí misma espectáculo. En
ese cuadro parisino, es Baudelaire quien ocupa el

primer lugar, aquel desde donde ve la ciudad pero que otro yo, a distancia, constituye en objeto una «segunda visión»:

Las dos manos en el mentón, desde lo alto
de mi bohardilla,
veré el taller que canta y que charla,
las chimeneas, los campanarios…

De este modo, Baudelaire no pondría simplemente en escena la necesaria coexistencia de la antigua religión y la industria nueva, o el poder absoluto de la conciencia individual, sino una forma muy particular y muy moderna de soledad. Poner de manifiesto una posición, una «postura», una actitud, en el sentido más físico y más trivial del término, es algo que se efectúa al término de un movimiento que vacía de todo contenido y de todo sentido el paisaje y la mirada que lo tomaba por objeto, puesto que, precisamente la mirada se funde en el paisaje y se vuelve el objeto de una mirada segunda e inasignable: la misma, otra.

A tales desplazamientos de la mirada, a tales juegos de imágenes, a tales vaciamientos de la conciencia pueden conducir, a mi entender, esta vez aquí de modo sistemático, generalizado y prosaico, las manifestaciones más características de lo que yo propondría llamar «sobremodernidad». Esta impone en efecto a las conciencias individuales experiencias y pruebas muy nuevas de soledad, directamente ligadas a la aparición y la proliferación de no lugares. Pero sin duda era útil mencionar, antes de pasar al examen de lo que son los no lugares de la sobremodernidad, aunque fuese alusivamente, la relación que mantenían con las nociones de lugar y de espacio los representantes más reconocidos de la «modernidad» en arte. Sabemos que una parte del interés que despertaban en Benjamin los «pasajes» parisinos y, más en general, la arquitectura de hierro y de vidrio, se debe al hecho de que puede discernir allí una voluntad de prefigurar lo que será la arquitectura del siglo siguiente, un sueño o una anticipación. Podemos preguntarnos en este mismo sentido si los representantes de la modernidad de ayer, a quienes el espacio concreto del mundo ofreció materia de reflexión, no han iluminado por anticipado ciertos aspectos de la sobremodernidad de hoy, no por el azar de algunas intuiciones felices sino porque encarnaban ya, de un modo excepcional (en su carácter de artistas), situaciones (posturas, actitudes) que se convirtieron en modalidades más prosaicas, en el destino común.

Se ve claramente que por «no lugar» designamos dos realidades complementarias pero distintas: los espacios constituidos con relación a ciertos fines (transporte, comercio, ocio), y la relación que los individuos mantienen con esos espacios. Si las dos relaciones se superponen bastante ampliamente, en todo caso oficialmente (los individuos viajan, compran, descansan), no se confunden por eso, pues los no lugares mediatizan todo un conjunto de relaciones consigo mismos y con los otros que no apuntan sino indirectamente a sus fines: como los lugares antropológicos crean lo social orgánico, los no lugares crean la contractualidad solitaria. ¿Cómo imaginar el análisis durkheiminiano de una sala de espera de Roissy?

El vínculo de los individuos con su entorno en el espacio del no lugar se establece por mediación de las palabras, incluso por los textos. Sabemos ante todo que hay palabras que hacen imagen o más bien imágenes: cada uno de aquellos que nunca fueron a Tahití o a Marrakech puede dar libre curso a su imaginación apenas leen u oyen estos nombres. Algunos concursos televisivos logran así una parte de su prestigio del hecho de que ofrecen una enorme cantidad de premios, en especial viajes y estadías («una semana para dos en un hotel de tres estrellas en Marruecos», «quince días con pensión completa en Florida») cuya sola mención basta para despertar el placer de los espectadores que no son ni serán nunca los beneficiarios. El «peso de las palabras» del cual se enorgullece un semanario francés, que lo asocia con «la impresión que causan las fotos», no es solamente el de los nombres propios. Una cantidad de nombres comunes (estadía, viaje, mar, sol, crucero...) poseen en cada caso, en ciertos contextos, la misma fuerza de evocación. En sentido inverso, nos imaginamos perfectamente la atracción que pudieron y pueden ejercer, por otra parte, palabras para nosotros menos exóticas, o aun despojadas de todo efecto de distancia, como América, Europa, Occidente, consumo, circulación. Ciertos lugares no existen sino por las palabras que los evocan, no lugares en este sentido o más bien lugares imaginarios, utopías triviales, clichés. Son lo contrario del no lugar según Michel de Certeau, lo contrario del lugar dicho (del que no se sabe, casi nunca, quién lo ha dicho y lo que dijo). Aquí la palabra no crea una separación entre la funcionalidad cotidiana y el mito perdido: crea la imagen, produce el mito y al mismo tiempo lo hace funcionar (los telespectadores permanecen fieles a la emisión, los albaneses acampan en Italia soñando con América, el turismo se desarrolla).

Pero los no lugares reales de la sobremodernidad, los que habitamos cuando transitamos por la autopista, hacemos las compras en el supermercado o esperamos en un aeropuerto el próximo vuelo a Londres o Marsella, tienen de particular que se definen también por las palabras o los textos que nos proponen: sus instrucciones, en suma, que se expresan según los casos de modo prescriptivo («tomar el carril de la derecha»), prohibitivo («prohibido fumar») o informativo («usted entra en el Beaujolais») y que recurre tanto a ideogramas más o menos explícitos y codificados (los del código vial o los de las guías turísticas) como a la lengua natural. Así son puestas en su lugar las condiciones de circulación en los espacios donde se considera que los individuos no interactúan sino con los textos sin otros enunciadores que las personas «morales» o las instituciones (aeropuertos, compañías de aviación, ministerio de transportes, sociedades comerciales, policía de caminos, ayuntamientos) cuya presencia se adivina vagamente o se afirma más explícitamente («el Consejo general financia este tramo de carretera», «el Estado trabaja para mejorar sus condiciones de vida») detrás de los mandatos, los consejos, los comentarios, los «mensajes» transmitidos por los innumerables «soportes» (carteles, pantallas, afiches) que forman parte integrante del paisaje contemporáneo.

Las autopistas en Francia fueron bien diseñadas y revelan paisajes, a veces casi aéreos, muy diferentes de los que puede apreciar el viajero que circula por carreteras nacionales o departamentales. Con ellas se ha pasado del filme intimista a los grandes horizontes de los westerns. Pero son los textos diseminados por los recorridos los que cuentan el paisaje y explicitan sus secretas bellezas. Ya no se atraviesan las ciudades, sino que los puntos notables se señalan en carteles en los que se inscribe un verdadero comentario. El viajero ya no necesita detenerse ni mirar. Así, se le ruega en la Autopista del Sur que preste cierta atención a tal pueblo fortificado del siglo XVII o a tal viñedo renombrado, a Vézelay, «colina eterna», o aun a los paisajes del Avallonnais, o del propio Cézanne (retorno de la cultura en una naturaleza en sí misma escondida pero siempre comentada). El paisaje toma sus distancias, y sus detalles arquitectónicos o naturales son la ocasión para un texto, a veces adornado con un dibujo esquemático cuando parece que el viajero de paso no está verdaderamente en situación de ver el punto notable señalado a su atención y se encuentra entonces condenado a obtener placer con el solo conocimiento de su proximidad.

El recorrido por la autopista es, por lo tanto, doblemente notable: por necesidad funcional, evita todos los lugares importantes a los que nos aproxima; pero los comenta. Las estaciones de servicio agregan algo a esta información y se dan cada vez más aires de casas de la cultura regional, proponiendo algunos productos locales, algunos mapas y guías que podrían ser útiles a quien se detuviera. Pero la mayor parte de los que pasan no se detienen, justamente; vuelven a pasar, eventualmente, cada verano o varias veces por año; de suerte que el espacio abstracto que se ven obligados regularmente a leer más que a mirar se les vuelve a la larga extrañamente familiar, como a otros, más afortunados, el vendedor de orquídeas de Bangkok o el *duty-free* de Roissy.

Hace unos treinta años, en Francia, las carreteras nacionales, las departamentales o las vías férreas penetraban en la intimidad de la vida cotidiana. El recorrido vial y el ferroviario se oponían, desde este punto de vista, como el anverso y el reverso, y esta oposición resulta parcialmente actual para aquel que se atiene, hoy, a frecuentar las rutas departamentales y los transportes ferroviarios distintos del TGV, aun de las líneas regionales, cuando quedan, puesto que significativamente los que desaparecen son los servicios locales, las vías de interés local. Las rutas departamentales, hoy a menudo condenadas a rodear los conglomerados urbanos, se transformaban antes regularmente en calles de ciudad o de pueblo, bordeadas a cada lado por las fachadas de las casas. Antes de las ocho de la mañana, o después de las siete de la tarde, el viajero al volante atravesaba un desierto de fachadas cerradas (persianas cerradas, luces que se filtraban por las celosías o directamente sin luces, ya que las habitaciones y salas de estar solían dar a la parte de atrás de las casas): ese viajero era testigo de la imagen digna y acompasada que los franceses gustan dar de sí mismos, que cada francés gusta darles a sus vecinos. El automovilista de paso observaba alguna cosa de las ciudades que hoy se han vuelto nombres de un itinerario (La Ferté-Bernard, Nogent-le-Rotrou); al detenerse ante un semáforo en rojo o por una congestión de tránsito, podía ocurrir que tuviese que descifrar textos (carteles de los comercios de la ciudad, informes municipales), que no le estaban prioritariamente destinados. El tren, por su parte, era más indiscreto, lo es todavía. La vía férrea, a menudo trazada detrás de las casas que constituyen el conglomerado, sorprende a los provincianos en la intimidad de su vida cotidiana, no ya del lado de la fachada sino del jardín, del lado de la cocina o de la habitación y, por la noche, del lado de la luz, mientras que, si no hubiese alumbrado público, la calle sería el dominio de la sombra y de la noche. Y antes, el tren no era tan rápido como para impedir al viajero curioso descifrar al pasar el nombre de la estación..., cosa que impide la excesiva velocidad de los trenes actuales, como si ciertos textos se hubiesen vuelto obsoletos para el pasajero de hoy. Se le propone otra cosa: en el «tren-avión», que es en parte el TGV, puede consultar una revista bastante semejante a las que las compañías aéreas ponen a disposición de su clientela: esta revista le recuerda, a través de reportajes, fotos y anuncios publicitarios, la necesidad de vivir a escala (o a la imagen) del mundo de hoy.

Otro ejemplo de invasión del espacio por el texto: los grandes supermercados donde el cliente circula en silencio, consulta las etiquetas, pesa las verduras o las frutas en una máquina que le indica, con el peso, el precio, luego tiende su tarjeta de crédito a una mujer joven pero también silenciosa, o poco locuaz, que somete cada artículo al registro de una máquina decodificadora antes de comprobar si la tarjeta de crédito es válida. Diálogo más directo pero aún más silencioso: el que cada titular de una tarjeta de crédito mantiene con el cajero automático donde la inserta y en cuya pantalla le son transmitidas instrucciones generalmente alentadoras pero que constituyen en ocasiones auténticos llamados al orden («Tarjeta mal introducida», «Retire su tarjeta», «Lea atentamente las instrucciones»). Todas las interpelaciones que emanan de las rutas, de los centros comerciales o del servicio de guardia del sistema bancario que está en la esquina de nuestra calle apuntan en forma simultánea, indiferente, a cada uno de nosotros («Gracias por su visita», «Buen viaje», «Gracias por su confianza»), no importa a quién: son las que fabrican al «hombre medio», definido como usuario del sistema vial, co-

mercial o bancario. Esas interpelaciones lo construyen y eventualmente lo individualizan: en algunas
carreteras y autopistas, la advertencia súbita de un
letrero luminoso (¡110! ¡110!) llama al orden al automovilista demasiado apurado; en algunos cruces de
carreteras parisinos, cuando se pasa un semáforo en
rojo, eso queda automáticamente registrado y el coche del culpable identificado por foto. Toda tarjeta
de crédito lleva un código de identificación que le
permite al cajero automático proveer informaciones a su titular al mismo tiempo que le recuerda las
reglas del juego: «Usted puede retirar 600 francos».
Mientras que la identidad de unos y otros constituía el «lugar antropológico», a través de las com-
plicidades del lenguaje, las referencias del paisaje, las
reglas no formuladas del saber vivir, el no lugar es
el que crea la identidad compartida de los pasajeros,
de la clientela o de los conductores del domingo.
Sin duda, incluso el anonimato relativo que necesita
esta identidad provisional puede ser sentido como
una liberación por aquellos que, por un tiempo, no
tienen más que atenerse a su rango, mantenerse en
su lugar, cuidar de su aspecto. *Duty free*: una vez de-
clarada su identidad personal (la del pasaporte o el
carnet de identidad), el pasajero del vuelo próximo
se precipita en el espacio «libre de tasas», liberado
del peso de sus maletas y de las cargas de la cotidia-
nidad, no tanto para comprar a mejor precio, quizá,
como para experimentar la realidad de su dispo-
nibilidad del momento, su cualidad irrecusable de
pasajero en el momento de la partida.

Solo, pero semejante a los otros, el usuario del no lugar está con ellos (o con los poderes que lo gobiernan) en una relación contractual. La existencia de este contrato se le recuerda en cada caso (las instrucciones del no lugar es un elemento de eso): el billete que ha comprado, la tarjeta que deberá presentar en el peaje, o aun el carrito que empuja en las góndolas del supermercado, son la marca más o menos fuerte de todo eso. El contrato tiene siempre relación con la identidad individual de aquel que lo suscribe. Para acceder a las salas de embarque de un aeropuerto, es necesario ante todo presentar el billete al registro (donde está escrito el nombre del pasajero). La presentación simultánea al control de policía de la tarjeta de embarque y de un documento de identidad provee la prueba de que el contrato ha sido respetado. No todos los países tienen las mismas exigencias (documento de identidad, pasaporte, pasaporte y visa), pero desde la partida se asegura que esto se ha tenido en cuenta. De suerte que el pasajero solo adquiere su derecho al anonimato después de haber aportado la prueba de su identidad, refrendado el contrato de alguna manera. Cuando el cliente del supermercado paga con cheque o con tarjeta de crédito, también manifiesta su identidad, lo mismo que el usuario de la autopista. En cierto modo, el usuario del no lugar siempre está obligado a probar su inocencia. El control *a priori* o *a posteriori* de la identidad y del contrato coloca el espacio del consumo contemporáneo bajo el signo del no lugar: solo se accede a él en estado de inocencia. Las palabras casi ya no cuentan. No hay individualización (derecho al anonimato) sin control de la identidad. Naturalmente, los criterios de la inocencia son los criterios convenidos y oficiales de la identidad individual (los que figuran en las tarjetas y están registrados en misteriosos ficheros). Pero la inocencia es también otra cosa: el espacio del no lugar libera a quien lo penetra de sus determinaciones habituales. Esa persona solo es lo que hace o vive como pasajero, cliente, conductor. Quizá se siente todavía molesto por las inquietudes de la víspera, o preocupado por el mañana, pero su entorno del momento lo aleja provisionalmente de todo eso. Objeto de una posesión suave, a la cual se abandona con mayor o menor talento o convicción, como cualquier poseído, saborea por un tiempo las alegrías pasivas de la desidentificación y el placer más activo del desempeño de un papel.

En definitiva, se encuentra confrontado con una imagen de sí mismo, pero bastante extraña en realidad. En el diálogo silencioso que mantiene con el paisaje-texto que se dirige a él como a los demás, el único rostro que se dibuja, la única voz que cobra cuerpo, son los suyos: rostro y voz de una soledad tanto más desconcertante en la medida en que evoca a millones de otros. El pasajero de los no lugares solo encuentra su identidad en el control aduanero, en el peaje o en la caja registradora. Mientras espera, obedece al mismo código que los demás, registra los mismos mensajes, responde a las mismas apelaciones. El espacio del no lugar no crea ni identidad singular ni relación, sino soledad y similitud.

Tampoco le da lugar a la historia, eventualmente transformada en elemento de espectáculo, es decir, por lo general, en textos alusivos. Allí reinan la actualidad y la urgencia del momento presente. Como los no lugares se recorren, se miden en unidades de tiempo. Los itinerarios no se realizan sin horarios, sin tableros de llegada o de partida que siempre dan lugar a la mención de posibles retrasos. Se viven en el presente. Presente del recorrido, que se materializa hoy en los vuelos transcontinentales sobre una pantalla donde se registra a cada minuto el movimiento del aparato. Si es necesario, el comandante de abordo lo explicita de manera un tanto redundante: «A la derecha del avión, pueden ver la ciudad de Lisboa». De hecho, no se percibe nada: el espectáculo, una vez más, solo es una idea, una palabra. En la autopista hay carteles luminosos que dan la temperatura del momento y las informaciones útiles para la práctica del espacio: «En la A-3, embotellamiento de dos kilómetros». Presente de la actualidad en sentido amplio: en el avión, los diarios se leen y se releen; varias compañías aseguran incluso la retransmisión de los telediarios. La mayor parte de los automóviles están equipados con autorradios. La radio funciona de manera ininterrumpida en las estaciones de servicio o en los supermercados: los estribillos del día, los anuncios publicitarios, algunas noticias son propuestas, impuestas a los clientes de paso. En suma, es como si el espacio estuviese atrapado por el tiempo, como si no hubiera otra historia más que las noticias del día o de la víspera, como si cada historia individual agotara sus motivos, sus palabras y sus imágenes en el *stock* inagotable de una inacabable historia en el presente.

Asaltado por las imágenes que difunden en exceso las instituciones del comercio, los transportes o la venta, el pasajero de los no lugares hace la experiencia simultánea del presente perpetuo y del encuentro de sí. Encuentro, identificación, imagen: ese elegante cuadragenario que parece experimentar una felicidad inefable bajo la mirada atenta de una azafata rubia, es él; el piloto de mirada segura que arroja su motor de turbinas sobre no se sabe bien qué pista africana, es él; ese hombre de rostro viril que una mujer contempla amorosamente porque usa una colonia con perfume salvaje, es también él. Si estas invitaciones a la identificación son esencialmente masculinas es porque el ideal del yo que difunden es en efecto masculino y porque, por el momento, una mujer de negocios o una conductora creíbles solo se representan con cualidades «masculinas». El tono cambia, naturalmente, y las imágenes también, en los no lugares menos prestigiosos como son los supermercados frecuentados mayoritariamente por mujeres. El tema de la igualdad de los sexos (incluso, en el futuro, la indiferenciación), se aborda allí de modo simétrico e inverso: los nuevos padres, se lee a veces en las revistas «femeninas», se interesan en el cuidado del hogar y en la atención de los bebés. Pero se percibe también en los supermercados el rumor del prestigio contemporáneo: la actualidad, los medios, las *vedettes*. Pues lo más notable, en suma, resulta lo que se podría llamar las «participaciones cruzadas» de los aparatos publicitarios.

Las radios privadas hacen publicidad de grandes supermercados; los supermercados, de las radios privadas. Las gasolineras de los lugares de vacaciones ofrecen viajes a Estados Unidos y la radio nos lo informa. Las revistas de las líneas aéreas hacen publicidad de los hoteles, que hacen publicidad de las líneas aéreas... Lo interesante es que todos los consumidores de espacio se encuentran así atrapados en los ecos y las imágenes de una suerte de cosmología objetivamente universal, diferente de las que tradicionalmente estudiaban los etnólogos y, al mismo tiempo, familiar y prestigiosa. De todo esto resultan dos cosas, por lo menos. Por una parte, esas imágenes tienden a hacer sistema: esbozan un mundo de consumo que todo individuo puede hacer suyo porque allí es incesantemente interpelado. Aquí la tentación del narcisismo es tanto más fascinante en la medida en que parece expresar la ley común: hacer como los demás para ser uno mismo. Por otra parte, al igual que todas las cosmologías, la nueva cosmología produce efectos de reconocimiento. Paradoja del no lugar: el extranjero perdido en un país que no conoce (está «de paso») solo se encuentra aquí en el anonimato de las autopistas, de las estaciones de servicio, de los grandes supermercados o de las cadenas de hoteles. El escudo de una marca de combustible constituye para él un punto de referencia tranquilizador, y encuentra con alivio en los estantes del supermercado los productos sanitarios, hogareños o alimenticios consagrados por las firmas multinacionales. Inversamente, los países del Este conservan algún tipo de exotismo porque no cuentan todavía con todos los medios para alcanzar el espacio mundial del consumo.

En la realidad concreta del mundo actual, los lugares y los espacios, los lugares y los no lugares, se entrelazan e interpenetran. La posibilidad del no lugar no está nunca ausente. Regresar al lugar es el recurso de aquel que frecuenta los no lugares (y que sueña, por ejemplo, con una segunda residencia arraigada en las profundidades del terruño). Lugares y no lugares se oponen (o se atraen) al igual que las palabras y los conceptos que permiten describirlos. Pero las palabras de moda —las que no tenían derecho a la existencia hace unos treinta años— son las de los no lugares. Así, podemos oponer las realidades del tránsito (los campos de refugiados o los pasajeros en tránsito) a las de la residencia o la vivienda, los enlaces de autopistas (donde no se cruza) a los cruces de caminos (donde se cruza), el pasajero (que define su destino) al viajero (que vaga por el camino) —aquellos que son todavía viajeros para la SNCF se vuelven pasajeros cuando toman el TGV—, la urbanización («grupo de casas residenciales nuevas»), donde no se vive juntos y que no se sitúa en el centro de nada (grandes urbanizaciones: símbolo de zonas llamadas «perifé-

ricas») al monumento, donde se comparte y se con-
memora; la comunicación (sus códigos, sus imágenes, sus estrategias) a la lengua (que se habla).

En este caso el vocabulario es esencial, pues teje
la trama de las costumbres, educa la mirada, informa
el paisaje. Volvamos a la definición que propone
Vincent Descombes de la noción de «país retórico»
a partir de un análisis de la «filosofía» o más bien de
la «cosmología» de Combray: «¿Dónde el personaje
está en su casa? La pregunta no se refiere tanto a
un territorio geográfico como a uno retórico (to-
mando la palabra en el sentido clásico, definido por
actos retóricos como el alegato, la acusación, el elo-
gio, la censura, la recomendación, la admonición,
etc.). El personaje está en su casa cuando está a gusto
con la retórica de la gente con la que comparte su
vida. El signo de que se está en casa es que se logra
hacerse entender sin demasiados problemas, y que al
mismo tiempo se logra seguir las razones de los interlocutores sin necesidad de largas explicaciones. El
país retórico de un personaje finaliza allí donde sus
interlocutores ya no comprenden las razones que él
da de sus hechos y gestos ni las quejas que formula
ni la admiración que manifiesta. Una alteración de
la comunicación retórica manifiesta el paso de una
frontera, que es necesario con toda seguridad repre-
sentarse como una zona fronteriza, un escalón, más
que como una línea bien trazada».[17]

17 V. Descombes, *Proust, philosophie du roman,* París, Minuit, 1987,
p. 179.

Si Descombes tiene razón, hay que concluir que en el mundo de la sobremodernidad se está siempre y no se está nunca «en casa»: las zonas fronterizas o los «escalones» de los que él habla ya no introducen nunca a mundos totalmente extranjeros. La sobremodernidad (que procede simultáneamente de las tres figuras del exceso que son la superabundancia de acontecimientos, la superabundancia espacial y la individualización de las referencias) encuentra naturalmente su expresión completa en los no lugares. Por estos, al contrario, transitan palabras e imágenes que reencuentran su raíz en los lugares todavía diversos donde los hombres tratan de construir una parte de su vida cotidiana. Sucede inversamente que el no lugar pide prestadas sus palabras al terruño, como se ve en las autopistas, donde las «áreas de reposo» —siendo el término área verdaderamente el más neutro posible, el más alejado del lugar y del lugar dicho— son a veces designadas por referencia a algún atributo particular y misterioso del terruño próximo: área de Hibou, área de Gîte-aux-Loups, área de Combe Tourmente, área de Croquettes... Vivimos, por lo tanto, en un mundo donde se ha vuelto un fenómeno general lo que los etnólogos llamaban tradicionalmente «contacto cultural». La primera dificultad de una etnología del «aquí» es que siempre tiene algo que ver con el «afuera», sin que el estatuto de este «afuera» pueda constituirse en objeto singular y distinto (exótico). El lenguaje da testimonio de estas múltiples impregnaciones. En este sentido es muy revelador el recurso al inglés básico de las tecnologías de la comunicación o del *marketing:* esto no señala el triunfo de una lengua sobre las otras, sino la invasión de todas las lenguas por un vocabulario de audiencia universal. Lo significativo es la necesidad de este vocabulario generalizado y no tanto el hecho de que sea el inglés. El debilitamiento lingüístico (si se denomina así a la disminución de la competencia semántica y sintáctica en la práctica media de las lenguas habladas) es más imputable a esta generalización que a la contaminación y a la subversión de una lengua por otra.

A partir de esto podemos apreciar qué distingue la sobremodernidad de la modernidad, tal como la definió Starobinski a través de Baudelaire. La sobremodernidad no es el todo de la contemporaneidad. En la modernidad del paisaje baudeleriano, por el contrario, todo se mezcla, todo se unifica: los campanarios son los «dueños de la ciudad». Lo que contempla el espectador de la modernidad es la imbricación de lo antiguo y de lo nuevo. La sobremodernidad convierte a lo antiguo (la historia) en un espectáculo específico, así como a todos los exotismos y a todos los particularismos locales. La historia y el exotismo desempeñan el mismo papel que las «citas» en el texto escrito, estatuto que se expresa de maravillas en los catálogos editados por las agencias de viajes. En los no lugares de la sobremodernidad hay siempre un lugar específico (en el escaparate, en un cartel, a la derecha del aparato, a la izquierda de la autopista) para las «curiosidades» presentadas como tales: piñas de Costa de Marfil, los «jefes» de la República de Venecia, la ciudad de Tánger, el paisaje de Alesia. Pero estos no operan ninguna síntesis, no integran nada, autorizan solamente el tiempo de un recorrido, la coexistencia de individualidades distintas, semejantes e indiferentes las unas a las otras. Si los no lugares son el espacio de la sobremodernidad, esta no puede, por lo tanto, aspirar a las mismas ambiciones que la modernidad. Cuando los individuos se acercan, hacen lo social y disponen los lugares. El espacio de la sobremodernidad está trabajado por esta contradicción: solo tiene que ver con individuos (clientes, pasajeros, usuarios, oyentes) pero no están identificados, socializados ni localizados (nombre, profesión, lugar de nacimiento, domicilio) más que a la entrada o a la salida. Si los no lugares son el espacio de la sobremodernidad, es necesario explicar esta paradoja: el juego social parece desarrollarse fuera de los puestos de avanzada de la contemporaneidad. Es a modo de un inmenso paréntesis como los no lugares acogen a los individuos cada día más numerosos, tanto más cuanto que a ellos apuntan particularmente todos aquellos que llevan hasta el terrorismo su pasión del territorio a preservar o a conquistar. Si los aeropuertos y los aviones, los supermercados y las estaciones fueron siempre el blanco privilegiado de los atentados (por no hablar de los coches bomba), es sin duda por razones de eficacia, si se puede utilizar esta palabra. Pero es quizá también porque, más o menos confusamente, aquellos que reivindican nuevas socializaciones y nuevas localizaciones no pueden ver en ello sino la negación de su ideal. El no lugar es lo contrario de la utopía: existe y no postula ninguna sociedad orgánica.

En este punto volvemos a encontrarnos con una cuestión que hemos rozado antes: la de la política. En un artículo consagrado a la ciudad,[18] Sylviane Agacinski recuerda lo que fueron el ideal y la exigencia del convencional Anacharsis Cloots. Hostil a todo poder «incorporado», reclama la muerte del rey. Toda localización del poder, toda soberanía singular, aun la división de la humanidad en pueblos, le parecen incompatibles con la soberanía indivisible del género humano. En esta perspectiva, la capital, París, no es un lugar privilegiado más que porque se privilegia «un pensamiento desarraigado, desterritorializado»: «La paradoja del lugar dominante de esta humanidad abstracta, universal y quizá no simplemente burguesa —escribe Agacinski— es que es también un no lugar, un ninguna parte, un poco lo que Michel Foucault, sin incluir allí la ciudad, llamaba una "heterotopía"».[19] Es muy cierto que hoy la tensión entre pensamiento de lo universal y pensamiento de la territorialidad se manifiesta a escala mundial. Aquí solo hemos abordado el estudio por uno de sus aspectos, a partir de la comprobación de que una parte

18 S. Agacinski, «Chefs-lieux», en VV.AA., *La ville inquiète,* París, Gallimard, 1987.
19 *Ibid.*, pp. 204-205.

cada vez mayor de la humanidad vive, por lo menos una parte del tiempo, fuera del territorio y que, en consecuencia, las condiciones mismas de definición de lo empírico y lo abstracto varían según los efectos de la triple aceleración característica de la supermodernidad.

El «fuera de lugar» o el «no lugar» que frecuenta el individuo de la sobremodernidad no es el «no lugar» de poder donde se anuda la doble y contradictoria necesidad de pensar y de situar lo universal, de anular y de fundar lo local, de afirmar y de recusar el origen. Esta parte no pensable del poder que siempre ha constituido la base del orden social, si es necesario invirtiendo, como por lo arbitrario de un hecho natural, los términos que sirven para pensarlo, encuentra sin duda una expresión particular en la voluntad revolucionaria de pensar a la vez lo universal y la autoridad, de recusar a la vez el despotismo y la anarquía, pero, en términos más generales, esa expresión es constitutiva de todo orden localizado que, por definición, debe elaborar una expresión espacializada de la autoridad. La coacción que pesa sobre el pensamiento de Anacharsis Cloots (lo que permite, en determinados momentos, subrayar su «ingenuidad») es que él ve el mundo como un lugar —lugar del género humano, por cierto—, pero que pasa por la organización de un espacio y el reconocimiento de un centro. Por otra parte, es bastante significativo que, cuando se habla hoy de la «Europa de los Doce» o del «nuevo orden mundial», la cuestión que se plantea inmediatamente sea otra vez la de la localización del verdadero centro de cada uno de ellos: ¿Bruselas (por no hablar de Estrasburgo) o Bonn (por no decir Berlín)? ¿Nueva York y la sede de la ONU, o Washington y el Pentágono? El pensamiento del lugar nos preocupa siempre y el «resurgimiento» de los nacionalismos, que le confiere una actualidad nueva, podría pasar por un «retorno» a la localización de la cual parecería haberse alejado el Imperio, como presunta prefiguración del futuro género humano. Pero, de hecho, el lenguaje del Imperio era el mismo que el de las naciones que lo rechazan, quizá porque el antiguo Imperio, al igual que las nuevas naciones, deben conquistar su modernidad antes de pasar a la sobremodernidad. El Imperio, pensado como universo «totalitario», no es nunca un no lugar. La imagen que está asociada con él es, al contrario, la de un universo donde nadie está nunca solo, donde todo el mundo está bajo control inmediato, donde el pasado como tal es rechazado (se ha hecho tabla rasa con él). El Imperio, como el mundo de Orwell o de Kafka, no es premoderno sino «paramoderno»; como aborto de la modernidad, no es en ningún caso su futuro y no depende de ninguna de las tres figuras de la sobremodernidad que hemos intentado poner de manifiesto. En términos estrictos, hasta es el negativo de esa sobremodernidad. Insensible a la aceleración de la historia, la reescribe; preserva a quienes dependen de su jurisdicción del sentimiento de achicamiento del espacio limitando la libertad de circulación y de información; por eso mismo (y como se ve en sus reacciones crispadas ante las iniciativas tomadas en favor del respeto a los derechos del hombre), separa de su ideología la referencia individual y asume el riesgo de proyectarla al exterior de sus fronteras, como figura cambiante del mal absoluto o de la seducción suprema. Pensamos seguramente ante todo en lo que fue la Unión Soviética, pero hay otros imperios, grandes o pequeños, y la tentación que tienen a veces algunos de nuestros hombres políticos de pensar que la institución del partido único y del ejecutivo soberano constituye un prerrequisito necesario para la democracia, en África y en Asia, depende extrañamente de esquemas de pensamiento que esos mismos políticos denuncian como arcaicos e intrínsecamente perversos cuando se trata del Este europeo. En la coexistencia de lugares y de no lugares, el mayor obstáculo será siempre político. Sin duda los países del Este, y otros, encontrarán su lugar en las redes mundiales de la circulación y del consumo. Pero la extensión de los no lugares que les corresponden —no lugares empíricamente reconocibles y analizables cuya definición es ante todo económica— ha contagiado ya de velocidad la reflexión de los políticos que solo se preguntan cada vez más adónde van porque saben cada vez menos dónde están.

Epílogo

Cuando un vuelo internacional sobrevuela Arabia Saudita, la azafata anuncia que durante ese tiempo quedará prohibido el consumo de alcohol en el avión. Así se significa la intrusión del territorio en el espacio. Tierra = sociedad = nación = cultura = religión: la ecuación del lugar antropológico se reinscribe fugazmente en el espacio. Reencontrar el no lugar del espacio, un poco más tarde, escapar a la coacción totalitaria del lugar, será sin duda encontrarse con algo que se parezca a la libertad.

Un escritor británico de gran talento, David Lodge, publicó una versión actual de la búsqueda del Santo Grial que él sitúa humorísticamente, y de forma muy lograda, en el mundo cosmopolita, internacional y limitado de la investigación semiolingüística universitaria.[1] El humor, en este caso, tiene valor sociológico: el mundo universitario de *Small World* no es sino una de las «redes sociales» que se despliegan hoy sobre el planeta entero y que ofrece a individualidades diversas la ocasión de recorridos

---

1   David Lodge. *Small World,* Londres, Penguin Books, 1985 (trad. cast.: *El mundo es un pañuelo,* Barcelona, Anagrama, 2006).

singulares pero extrañamente semejantes. La aventura caballeresca, después de todo, no era otra cosa, y el derrotero individual, en la realidad de hoy al igual que en los mitos de ayer, sigue siendo fuente de expectativas, si no de esperanza.

La etnología siempre tiene que ver, por lo menos, con dos espacios: el del lugar que estudia (un pueblo, una empresa) y otro, más amplio, en el que aquel se inscribe y donde se ejercen influencias y presiones que no dejan de tener su efecto en el juego interno de las relaciones locales (la etnia, el reino, el Estado). Así, el etnólogo está condenado a un estrabismo metodológico: no debe perder de vista ni el lugar inmediato que está observando ni las fronteras correspondientes de ese espacio exterior.

En la situación de supermodernidad, una parte de ese exterior está constituida por no lugares, y una parte de los no lugares, por imágenes. Hoy, la frecuentación de los no lugares ofrece la posibilidad de una experiencia sin verdadero precedente histórico de individualidad solitaria y de mediación no humana (basta un cartel o una pantalla) entre el individuo y los poderes públicos.

El etnólogo de las sociedades contemporáneas descubre, pues, la presencia individual en el universo globalizador en el que tradicionalmente estaba habituado a localizar las determinaciones generales que daban sentido a las configuraciones particulares o a los accidentes singulares.

Sería un error no ver en este juego de imágenes más que una ilusión (una forma posmoderna de alienación). El análisis de sus determinaciones nunca ha podido agotar la realidad de un fenómeno. Lo significativo en la experiencia del no lugar es su fuerza de atracción, inversamente proporcional a la atracción territorial, a la gravitación del lugar y de la tradición. La multitud de automovilistas en las carreteras durante fines de semana y períodos de vacaciones, las dificultades de las torres de control para organizar la congestión del tráfico aéreo, el éxito de las nuevas formas de distribución lo atestiguan fehacientemente. Pero también lo documentan otros fenómenos que a primera vista se podrían atribuir a la preocupación por defender los valores territoriales o por descubrir las identidades patrimoniales. Si los inmigrantes inquietan tanto (a menudo tan abstractamente) a los residentes en un país, es en primer lugar porque les demuestran a estos últimos la relatividad de las certidumbres vinculadas con el suelo: es el emigrado el que los inquieta y los fascina a la vez en el personaje del inmigrante. Si bien estamos obligados, a la vista de lo ocurrido en la Europa contemporánea, a referirnos al «retorno» de los nacionalismos, quizá deberíamos advertir que ese retorno significa antes que nada un rechazo del orden colectivo: el modelo de identidad nacional evidentemente se presta para dar forma a este rechazo, pero lo que le da sentido y vitalidad hoy y tal vez lo debilite mañana es la imagen individual (la imagen de la libre trayectoria individual).

En sus modalidades más limitadas, al igual que en sus expresiones más exuberantes, la experiencia del no lugar (indisociable de una percepción más o menos clara de la aceleración de la historia y del achicamiento del planeta) es hoy un componente esencial de toda existencia social. De allí el carácter muy peculiar y en total paradójico de lo que se considera a veces en Occidente como el modo de replegarse sobre sí mismo, del *cocooning:* nunca las historias individuales (por su necesaria relación con el espacio, la imagen y el consumo) han estado tan incluidas en la historia general, en la historia a secas. A partir de allí son concebibles todas las actitudes individuales: la huida (a su casa, a otra parte), el miedo (de sí mismo, de los demás), pero también la intensidad de la experiencia (la *performance*) o la rebelión (contra los valores establecidos). Ya no hay análisis social que pueda prescindir de los individuos, ni análisis de los individuos que pueda ignorar los espacios por donde ellos transitan.

Un día, quizá, vendrá un signo de otro planeta. Y, por un efecto de solidaridad cuyos mecanismos ha estudiado el etnólogo en pequeña escala, el conjunto del espacio terrestre se convertirá en un lugar. Ser terrestre significará algo. Mientras esperamos que esto ocurra, no es seguro que basten las amenazas que pesan sobre el entorno. En el anonimato del no lugar es donde se experimenta solitariamente la comunidad de los destinos humanos.

Habrá, pues, lugar mañana, hay ya quizá lugar hoy, a pesar de la contradicción aparente de los términos, para una etnología de la soledad.

Referencias bibliográficas

AGACINSKI, S., «Chefs-lieux», en VV.AA., *La ville inquiète,* París, Gallimard, 1987.

CERTEAU, M. DE, *L'invention du quotidien. 1. Arts de faire,* París, Gallimard, 1990 (trad. cast.: *La invencion de lo cotidiano. 1 Artes de hacer,* Ciudad de México, Universidad Iberoamericana, 2000).

CHATEAUBRIAND, F.-R. DE, *Itinéraire de Paris à Jérusalem,* París, Julliard, 1964 (trad. cast.: *De París a Jerusalén,* A Coruña, Ediciones del Viento, 2005).

DESCOMBES, V., *Proust, philosophie du roman,* París, Editions de Minuit, 1987.

DUMONT, L., *La tarasque,* París, Gallimard, 1987.

DUPRONT, A., *Du sacré,* París, Gallimard, 1987.

FURET, F., *Penser la Révolution française,* París, Gallimard, 1978 (trad. cast.: *Pensar la Revolución francesa,* Buenos Aires, Petrel, 1980).

HAZARD, P., *La crise de la conscience européenne, 1680-1715,* París, Fayard, 1961 (trad. cast.: *La crisis de la conciencia europea,* Madrid, Alianza, 1988).

LODGE, D., *Small World,* Londres, Penguin Books, 1985 (trad. cast.: *El mundo es un pañuelo,* Barcelona, Anagrama, 2006).

Mauss, M., *Sociologie et anthropologie,* París, PUF, 1966 (trad. cast.: *Sociología y antropología,* Madrid, Tecnos, 1971).

Starobinski, J., «Les cheminées et les clochers», *Magazine littéraire* 280, septiembre de 1990.

vv.aa., *L'autre et le semblable. Regards sur l'ethnologie des sociétés contemporaines,* Martine Segalen (comp.), París, Presses du CNRS, 1989.